心理学でわかる 女子の人間関係・感情辞典

監修 石原加受子
KAZUKO ISHIHARA

朝日新聞出版

監修にあたって

　起こっている出来事や事象は、何事も「捉え方の違い」でどうにでも変化します。
　本書にまとめてあるそれぞれの解説は、あくまでもひとつの見方であって、それがすべてではありません。心理学も同様に、その捉え方は多種多様あって、さまざまな人たちが、さまざまな立場や見方・捉え方で、自分の説や見解を述べています。そのためにどれが真実で、どれが間違っているかという見方をすると、理解しづらかったり、混乱したりするでしょう。
　本書を監修する際にももちろん、多くの資料をもとにしていますから私が唱えている私独自の捉え方とは異なる内容のものもあります。とはいえ、それに異を唱えるものでもありません。
　むしろ、「ひとつの出来事」であっても、どの角度から見るのか、どんな尺度でそれを解釈したり判断したりするか。それによって、同じものでもこんなに違った光

　景に見えるものなのか、というのが率直な感想です。そういう意味において、まったく同じものはないということを、今回の監修で改めて思った次第です。

　本書を手にした皆さんは、きっと母娘、姉妹、友人、職場などでの女性同士の人間関係で悩んでいる方々でしょう。人との関係に疲れていたり、悩んでいる皆さんの心を少しでも守れるような一冊になれば嬉しく思います。

　情報過多の現代社会では、自分にとって必要のない情報もあれば、害をもたらす情報もあるでしょう。そんな情報に振り回されず、より適切な判断をするには、自分を中心にして、自分の軸をしっかりと持ち、「自分の視点」から判断し、選択することが重要です。判断するのは、個々それぞれです。

　そのための参考として、本書を活用していただければと思います。

石原加受子

『心理学でわかる　女子の人間関係・感情辞典』もくじ

監修にあたって ……… 2　　本書の特徴と使い方 ……… 10

第1部　女子の人間関係・感情とは？

1. 心理学から見た「女性とは」……… 12
2. 女性同士の関係とは①　〜母娘 ……… 14
3. 女性同士の関係とは②　〜姉妹／嫁姑／友だち ……… 16
4. 「女の敵は女」といわれるのはなぜ？ ……… 18
5. 女性ならではの感情ってある？ ……… 20
6. 女性同士がうまくいくために必要なこと ……… 22
7. 本当の「女らしさ」ってどういうこと？ ……… 24
8. 男同士の関係からわかる、女同士の関係 ……… 26
9. 女性同士のベストな関係とは ……… 28
10. 女性同士の付き合いが上手な人って？ ……… 30

第2部 女子の人間関係・感情辞典

あ

愛嬌	34	嘘／嘘泣き	52
愛想笑い	35	うぬぼれ／裏切る	53
アイメイク	36	占い／羨ましい	54
あいづち／憧れ	37	浮気	55
姉	38	噂好き／エステサロン	56
あひる口／イースター	40	SNS	57
育児	41	OL	58
育児休業	42	おしとやか	59
イケダン／イケメン	43	おしゃべり／お受験	60
意地悪	44	おせっかい／おそろい	61
依存	45	追っかけ	62
板ばさみ	46	大人っぽい	63
井戸端会議／いびる	47	お隣さん／同中	64
妹	48	お盆／思いやり	65
イライラ	50	お詫びの電話／女心と秋の空	66
インスタ映え／上から目線	51	女らしさ	67

か

外見	68	がさつ／カジュアル	71
介護／買い物	69	価値観／かっこいい	72
陰口／加工アプリ	70	我慢／カラオケ	73

彼氏自慢／彼氏の女友だち ………… 74
かわいい／かわいげ ………………… 75
感情的 ………………………………… 76
気が利く ……………………………… 77
帰省 …………………………………… 78
ギャル／共感 ………………………… 79
興味があるふり／虚栄心 …………… 80
距離感／キラキラ …………………… 81
愚痴／口出しする …………………… 82
くどくど／比べたがる ……………… 83
クリスマス …………………………… 84
グループ ……………………………… 85
グループLINE ………………………… 86
群集心理 ……………………………… 87
結婚 …………………………………… 88

結託する／けなす …………………… 89
けん制する／恋バナ ………………… 90
恋人中心になる ……………………… 91
公園デビュー ………………………… 92
合コン ………………………………… 93
後輩 …………………………………… 94
ご近所付き合い ……………………… 95
小姑 …………………………………… 96
子育てサークル／寿退社 …………… 97
子どもっぽい／子どもの運動会 …… 98
「子どもは？」／子どもを預かる・預ける
………………………………………… 99
媚／婚活 ……………………………… 100
コンサバ／コンプレックス ………… 101

さ

サークル仲間／サバサバ …………… 102
三女 …………………………………… 103
幸せ …………………………………… 104
次女 …………………………………… 105
自意識過剰／自尊感情 ……………… 106
嫉妬 …………………………………… 107
自撮り／自分の話しかしない ……… 108
自分へのご褒美／自慢 ……………… 109
地元の友だち／社宅 ………………… 110
姑 ……………………………………… 111
正月／上司（女性の上司） ………… 112

女子会 ………………………………… 113
女子校 ………………………………… 114
女子力／知らんぷり ………………… 115
知り合い／シングルマザー ………… 116
心友／親友 …………………………… 117
ずっ友／ストレス発散 ……………… 118
ずぼら／整形 ………………………… 119
絶交／セレブ ………………………… 120
専業主婦／先輩 ……………………… 121
相談／束縛 …………………………… 122
卒園式 ………………………………… 123

た

ダイエット……123	ていねいな暮らし／デート……131
第六感／Wデート……124	手のひら返し／トイレ……132
玉の輿／タワマン……125	同級生……133
団結／駐在妻……126	同窓会……134
誕生日……127	同調／同僚……135
地図……128	同類意識……136
長女……129	独身同士……137
長男の嫁……130	友だち親子／友チョコ……138

な

長電話／仲間はずれ……139	妊活／忍耐強い……142
泣く……140	ぬいぐるみ／ネイル……143
なぐさめる／習い事……141	猫なで声……144

は

パート仲間……144	人の話を聞かない／人のものを欲しがる……154
発表会／八方美人……145	干物女／品がある……155
母……146	ファッション／ファッションリーダー……156
母親依存……147	
派手／華がある……148	部下（女性の部下）／部下の操縦術……157
腹を決める／張り合う……149	腐女子／ふてくされる……158
バリキャリ／バレンタインデー……150	ブランド好き／不倫……159
ハロウィン／パワースポット……151	プレゼント／プロ彼女……160
PTA……152	弁当作り／法事……161
控えめ／美人……153	

ホームパーティー……………162　褒める／褒め殺し……………163

ま

マウンティング……………164　魅力／無関心……………170
マネ……………165　無視……………171
ママ友……………166　娘……………172
ママ友カースト……………167　群れる／目の敵にする……………174
マメ……………168　面倒見がいい……………175
マタニティブルー／マリッジブルー　モチベーション……………176
……………169

や

厄除け／優しい……………177　ゆるふわ／幼稚園の送迎時間……180
やっかみ／優越感……………178　嫁姑問題……………181
友人の幸せ……………179

ら

ライバル……………181　旅行……………184
ランチ／理想と現実のギャップ……182　リラックス／恋愛……………185
留学／料理……………183

わ

ワーキングマザー……………186

第3部 女子の人間関係を整理する

1 嫉妬して張り合ってくる人への対処法 ……… 188
2 男性の前でだけよい顔をする女性への対処法 ……… 190
3 会いたくないママ友への対処法 ……… 192
4 いない人の悪口ばかり言う女性への対処法 ……… 194
5 何でも口出ししてくる母親への対処法 ……… 196
6 仕事ができない女性への対処法 ……… 198
7 恋人ができて付き合いが悪くなった友だちへの対処法 ……… 200
8 行きたくない女子会に誘われたときの対処法 ……… 202
9 泣く人・泣きごとを言う相手への対処法 ……… 204
10 仲間はずれにされたときの対処法 ……… 206
11 世代間ギャップがある人への対処法 ……… 208
12 彼氏にちょっかいを出してくる女への対処法 ……… 210
13 興味がないものをすすめてくる人への対処法 ……… 212
14 ひたすら褒めてくる女性への対処法 ……… 214
15 意地悪なことばかり言ってくる女性への対処法 ……… 216
16 攻撃してくる上司への対処法 ……… 218
17 やる気のない部下への対処法 ……… 220

おわりに ……… 222 参考文献 ……… 223

本書の特徴と使い方

女性同士の人間関係において、うまく付き合っていくにはどうしたらよいのか、そのヒントとなるものをまとめたのが本書です。自分のこの感情は一体何なのか、さまざまな事例について紹介し、どのように対処していけばよいのかを解説してきます。

第1部　女子の人間関係・感情とは？

まずは、心理学から見た女性同士の人間関係の特徴や感情の動き、コミュニケーション方法などについて掘り下げ、解説していきます。

第2部　女子の人間関係・感情辞典

女性同士の人間関係・感情を考えるうえでキーとなる235種類の用語を解説しています。自分や相手のことを理解したり、イベントなどで起こり得ることや対処法を紹介しています。興味のある項目から読み進めても構いません。

第3部　女子の人間関係を整理する

第2部を受けて、多くの人の悩みである女子の人間関係の問題を取り上げています。母娘のほか、友だち、上司と部下、ママ友など、身のまわりの悩みについて具体的に解決していきます。

キーワード
女性同士の人間関係・感情にまつわるワードをピックアップしています。

解説
キーワード・事例について、その傾向や対策、トラブル解決法などを記載しています。

意味・類義語・関連語
ワードのもつ意味のほか、似た言葉を紹介しています。

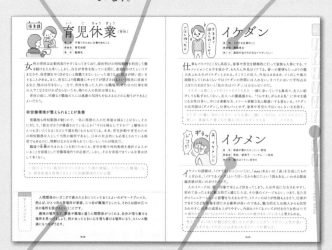

ミニコラム
さらに知っておきたい情報や豆知識などを紹介しています。

場所・場面・使い方
ワードが使われる場所や場面のほか、どういった会話の中で頻出されるかをまとめました。

五十音順
項目は五十音順で掲載しているので、知りたいワードがすぐに引けます。

第1部

女子の人間関係・感情とは？

母娘、友だち、ママ友、嫁姑……女性同士の人間関係はさまざま。ときに理解できない相手の感情に苦しんだり、複雑な対立関係についていけなかったりと悩みは尽きません。第1部では、そんな女子の人間関係・感情について心理学を通して解説していきます。円滑な関係を築き、気持ちよくコミュニケーションができるようになるヒントを紹介します。

1 心理学から見た「女性」とは

◆「女らしさ」の価値観

生まれたときから、「女の子向き」「女の子なのだから」といった価値観が刷り込まれて大人になっていく。

押し付けられた「女性らしさ」の価値観とは?

　デパートのランドセル売り場に行くと、緑やピンク、紫などさまざまな色の商品が陳列されています。しかし、ひと昔前までは、どこの小学校でも「女子は赤・男子は黒」と決まっていました。上履きのゴムの色も女子は赤、男子は青というのが定番で、その他の選択肢はほとんどありませんでした。
　<u>キャラクターグッズ、絵本、玩具などにも「〇〇は女の子向き、△△は男の子向き」という社会一般の通念があります</u>。たとえば恐竜のベビー服とうさぎのベビー服があったとして、女の赤ちゃんの誕生祝いに選ばれるのはどちらでしょうか?
　誰に悪気があるわけでもなく、無意識に行われるこうした価値観の押し付け・刷り込みは、幼少期から事あるごとに繰り返されます。家庭での育児や学校教育においても、乱暴に振る舞えば「女の子なのに」とたしなめられ、メソメソしていれば「男のくせに」と叱られる。つまり、個人としての資質や本質よりも、<u>肉体的な性別に沿った「らしさ」が優先され、求められ、期待されるということです</u>。
　これらの「女らしさ」が自分本来の個性や才能に合致していれば問題ないのですが、合わない場合には当然無理をすることになります。もちろん個人差はありますが、女性らしさを演じなければならないストレスが、さまざまな場面で好ましくない言動を引き起こす原因となる場合があります。

POINT	
1	無意識に、肉体的な性別に沿った「らしさ」が求められる
2	女性は些細な事柄にも気づきやすい
3	男性中心の社会が現在の女性像を作った

◆歴史的な上下関係

現在とは状況は違うものの、女性は男性に支配され、黙って従う立場に置かれてきた歴史がある。

被支配者意識と嫉妬心

　もうひとつ、女性の心理に大きな影響を与えているのが、**男女間の上下関係**です。歴史的にも文化的にも世界の大部分は男性中心の社会であり、女性は長い間、男性に支配され従わされる立場、あるいは補佐的な立場に置かれてきました。最近でも、大学入試で女子学生の得点が一律に減点されていたことが問題になりました。歴史的な背景もあり、不当な扱いを受けることによる被支配者意識が女性には刷り込まれているともいえます。

　被支配者意識をもつ者同士が集まると、奇妙なライバル心や競争心が生まれます。「そのぐらい何よ!?私のほうがもっとつらいのよ!」という、どちらのほうがつらいのかという比較です。

　これは女性がもともと意地悪だからではありません。**男性優位の社会を生き延びるため、いい面だけではない、後天的に"作られた"女性像**なのです。

Column
「女子力」って何だ?

　2001年に初登場した「女子力」という言葉。当初は"仕事ができて美意識も高い"ことを指していましたが、今では家事能力や母性、性的魅力などの女らしさ全般とその見せ方（自己演出力）を含めた幅広い意味で使われています。

　最近では、スイーツなど共通の趣味嗜好がありつつも、女性同士の付き合いと違って嫉妬・競争をしなくて済む男性を「女子力男子」と呼んで、重宝がるような風潮も見られます。

第1部…女子の人間関係・感情とは?

013

2 女性同士の関係とは① 〜母娘

◆"いい子"からの卒業

母娘の力関係を対等に変えるチャンスは反抗期。"いい子"から卒業する最後の機会。

幼少期の力関係を引きずっていると……

　女の子が生まれて初めて経験する女性同士の関係は、母親と娘の関係ですが、これがかなりのクセモノです。母娘の確執が解消されていないがために、恋愛や結婚に支障をきたすケースも数多く見られます。
　子どもは大人の保護がなければ生きていけません。「かわいくない」と思われて見捨てられたらおしまいなので、大人の言うことが納得できなくても従わざるを得ません。**最初から対等な関係ではないのです。**
　この力関係から脱出するための人生最大のチャンスが**反抗期**です。親離れ・子離れの儀式のようなもので、ここをきちんと通過すると、自立した別々の人格として対等な関係がもてるようになります。しかし、親があまりに高圧的だったり不在だったりして反抗期をやり損なった娘は、いつまでも"いい子"であることから卒業できません。
　母親からすれば、こんな"いい子"である娘をいつまでも手放したくありません。ですから、何かにつけて小言を言ったり世話を焼いたりする**「過干渉」**、病気など娘が断りにくいことを理由にしばしば呼びつける**「同情による支配」**などを使って、娘が自分から離れていかないようにします。「早く結婚しなさい」など自立を促しているように聞こえる言葉にも「いい子だから私の言う通りにするのよ」という真意が隠れています。
　娘が反発するのはわかっています。それでもやめられないのは、たとえ口論になったとしても**"何もないよりマシ"**だから。ただし、本人はこのことに気づいていません。

POINT	
1	母と娘の関係は生まれたときから対等ではない
2	過干渉、支配などの関係が生まれている
3	自分は「傷つく」ことを率直に伝える必要がある

◆気持ちを伝え合う関係に

「そういうことは傷つく」と気持ちを伝え合う必要がある。

永遠に傷つけ合う関係

　このような母娘は、物理的に離れていても心理的にはベッタリくっついた状態なので、相手が自分の気持ちをわかってくれて当然だという思いがどこかにあります。だからこそ互いの主張が食い違うたびに「どうしてわかってくれないの！」とイライラがつのり、傷つけ合ってしまいます。

　人間は傷つけられると必ず仕返ししたくなります。どちらかがストップするまで報復の応酬は永遠に続きます。祖母から母、母から娘、娘から孫へと世代を超えて受け継がれるケースも少なくありません。

　母娘の確執をこじらせないためには**「そういうことをされると私は傷つく」**と、お互いが率直に自分の気持ちを伝える必要があります。しかし、私たちの多くは"本音を伝える言葉"を知りません。成長過程で本音を言って怒られた経験が心の傷となり、いつのまにか自分の気持ち（感情）自体がわからなくなっているのです。

Column
過干渉ってどんなこと？

　ピアノを欲しがる子どもに、借金してまで最高級グランドピアノを買うのは過保護。「ピアノよりバイオリンのほうがいいわよ」とバイオリンを買うのが過干渉。

　つまり過干渉とは、本人がやりたいことを禁じたり、欲しがらないものを強制したりすること。過干渉で育てられた子は自分の願いより親の望みを叶えるクセがつき、成人しても「自分がやりたいこと、欲しいものがわからない」と悩み苦しむのです。

3 女性同士の関係とは② 〜姉妹／嫁姑／友だち

◆生まれた順による性格の傾向

第1子
- 責任感が強い
- 自尊心が高い
- 慎重
- 仕切り屋
- 計画性がある
- ストレスを抱え込む

中間子
- ムードメーカー
- 人情家
- 友だちが多い
- 平和主義
- 義理堅い
- 多少反抗的なところがある

姉と妹のいさかいを生み出す原因は？

　子どもは基本的に親の愛情を独り占めしたいので、姉と妹が親の愛情を取り合うのは当たり前。**成長するにしたがって自然と争いは減っていきます**。ただ、はたから見てもわかるほど親がどちらか一方を露骨に溺愛すると、愛されないほうは極端に自己肯定感が下がり、大人になっても劣等感を引きずってしまいます。

　また、親からだけではなく、周囲の人間から比較されるのも、姉妹の間に溝ができる原因となります。**容姿、性格、学校の成績、キャリアなど、他人から比較される機会は少なくないでしょう。**

　若い姉妹が親と離れて同居している、年の離れた姉が妹の母親代わりを自負しているなど、母娘のような関係になっていて**「過干渉」**が行われるケースもあります。お互いに「言わなくてもわかるでしょ」という思いがあるために言葉が足りず、口論になったりするのも、母娘の場合と同じです。

　「姉だから親の介護をしなくてはならない」「妹が姉より先に結婚するのはおかしい」など、姉（妹）は**〇〇するべき・べきでないという考え方**も姉妹間の確執を生む原因となります。このような"べき論"はおそらく家族代々に伝わるものか、世間一般の常識とされているものでしょう。自分の価値観とは違うのに無理をして合わせていると「あなたも〇〇しなさいよ」「どうして私ばっかり！」と怒りの矛先が姉や妹に向かいます。

POINT		
1	親の愛情を独り占めしたいという張り合いは成長と共に減っていく	
2	姉・妹は「○○するべき」という考えが確執を生む	
3	嫁姑問題の根本はオトコの取り合い	

末っ子
- 社交的
- サービス精神がある
- 自己中心的
- 注目されたい
- 単純明快
- 優柔不断

ひとりっ子
- 早熟
- 自己肯定感が高い
- 良心的
- 完璧主義者
- 勤勉
- 人との距離感が独特

女としてのライバル意識

　「私が○○なんだから、あなたも○○するべき」という価値観の押し付けは、嫁姑の間でも頻繁に見られます。共働きの是非や子育て方法、箸の上げ下げにいたるまで、あらゆることが対立の材料になりえます。

　嫁姑問題の根本にあるのは、**息子であり夫であるオトコの取り合い**です。彼がきちんと間に立って、自分の考えを明確にすれば解決できるはずですが、面倒がって放置することが多いです。「嫁と姑は仲が悪くて当たり前」という刷り込みも影響しているかもしれません。

　女性は一般的に細かなことによく気がつき、親しい友だちに対しても嫉妬したり、心のどこかで「私のほうが勝っている」と思っていることもあります。この競争心をうまく使えば自分の魅力や才能に磨きをかけることができますが、相手への攻撃に使うと友情が壊れてしまいます。

Column
カインコンプレックス

　兄弟姉妹の間で起こる確執をカインコンプレックスといいます。神に愛された弟アベルに嫉妬した兄カインが弟を殺すという旧約聖書の逸話から、心理学者ユングによって名づけられました。

　根本にあるのは「親から十分に愛されなかった」という低い自己肯定感です。解放されるには、親がしたのと同じことを自分自身にしないこと。自分の存在価値を、誰かとの比較ではなく絶対的に認めることです。

第1部…女子の人間関係・感情とは？

4 「女の敵は女」といわれるのはなぜ？

◆夫を攻撃するのではなく、浮気相手を攻撃する

浮気をしたのは夫が悪い（もしくは同罪）にもかかわらず、浮気相手の女性を責める。

浮気をした夫より愛人のほうが憎い

　妻が浮気をした場合、夫は相手の男性への怒りもあるものの、たいていは妻を責めます。しかし、**夫が浮気をした場合、妻の怒りは夫ではなく愛人に向けられます**。
　これは一見すると「浮気相手より自分のほうが女性として優れているはずだ」というプライドが高いように見えますが、裏を返せば、自分には魅力がないのかもしれないという**「自信のなさ」**が隠れています。「そんな浮気男は私にふさわしくない。さっさと捨てて、もっといい男性と再婚しよう」という発想になればいいのですが、なぜこのような現象が起こるのでしょうか？
　それは、やはり女性が長い年月にわたり従属的な立場に置かれてきたからということが理由のひとつと考えられます。政治、経済、家庭などあらゆる場面で主導権を握りたい男性は、無意識のうちに女性に能力があることにも気づいています。優れた女性に出てこられると自分の権力が奪われるので、法律や宗教、暴力などを使って「自分には力がない」と女性に思わせるようなしくみを（無意識に、ときに作為的に）築いてきました。
　そのため、女性の心の奥底に潜む自信のなさが、男性ではなく、同性である女性に怒りの矛先を向け、責めてしまうのです。
　以前、ある女性タレントの夫が浮気をしたとき、夫ではなく、浮気相手の女性を責めたことが話題になりました。浮気した女性のことをTwitterでつぶやくなど、攻撃対象としたのです。

POINT		
1	自分の自信のなさが相手に怒りを向ける理由	
2	男女平等を実感している人は少ない現状がある	
3	敵を作り出しやすい環境が問題ということも	

◆男女の地位の平等感

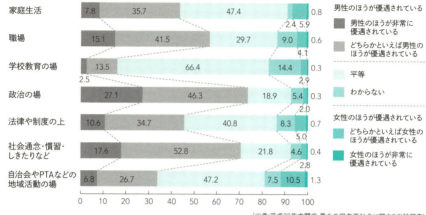

(出典:平成28年内閣府 男女共同参画社会に関する世論調査)

敵を作り出す環境

　人は自分の優位性を見出そうとするとき、嫉妬心が生じたり、相手を蹴落とそうとしたりするのです。そのため、さまざまな場面において敵を作りやすくなります。友だち関係、職場などでも同様のことが起こります。

　平成28年に内閣府が行った世論調査では、さまざまな分野で男女平等を実感している人の割合が半数に満たないという結果が出ました(上図参照)。**一人ひとりの能力・魅力が十分に発揮できない環境**なのです。

　この状態が異常なのであって、「私」が劣っているわけではありません。環境の問題であり、本当は誰とも張り合う必要などないのです。このことはぜひ知っておいたほうがいいでしょう。

Column 「女の敵は女」エピソード

　中国三大悪女と呼ばれているのは、呂雉（呂后）、武則天（則天武后）、西太后です。漢王朝の初代皇帝・劉邦の皇后であった呂雉は、夫の寵愛を受けていた戚夫人の手足を切り落とし、両目をくりぬき、毒薬で耳と喉をつぶしたうえ便所に監禁して「人豚」と呼ばせたという逸話が残っています。

　日本では、江戸幕府二代将軍・徳川秀忠の正室お江が、側室が産んだ男の子をお灸で殺したという話もあります。真偽はともかく、女の執念をうかがわせるエピソードです。

5 女性ならではの感情ってある？

◆比較したい気持ち

持っているものと持っていないものを比較しがちである。

女性の感情はいろいろあるけれど…

　女性だけに特有の感情というものはないといわれていますが、感情的になりやすいともいわれています。

　ひとつの要因として、**何事も、他者と比較して優劣をつける価値観が流布しているこの社会**にあります。他者と自分を比較して、相手の言動のみならず、外見的な容貌や年収、キャリアなどを気にしていれば、他者や周囲を基準にして生きていくことになります。そんな意識で他者と競い合えば、ネガティブな感情はどんどん大きくなるでしょう。

　また、**セロトニンというホルモンの分泌量**も関係しています。セロトニンは「幸せホルモン」とも呼ばれ、感情の暴走を抑えて気分を安定させる働きがありますが、女性の脳内で生産されるセロトニンの量は男性の約半分といわれています。そのうえ、生理前になると、セロトニンを活性化させる女性ホルモン（エストロゲン）が低下するため、ますます情緒不安定に。生理痛や頭痛など体の不調が伴うことで、余計にイライラして感情的になりやすくなります。

　女性ならではの共感力も、感情をゆさぶる原因になります。イギリスの心理学者サイモン・バロン＝コーエンによると、男性の脳がシステムを理解・構築するように作られているのに対し、女性の脳は他人の気持ちを自分のことのように感じるといいます。小説や映画の登場人物に感情移入するように、人生のさまざまな出来事に対して思い入れが強いのです。情が厚いのは決して悪いことではありませんが、ひとつ間違えば、些細な出来事でいちいち傷ついたり腹を立てたり悲しんだり、次から次へと感情

POINT	
1	セロトニンの量の減少がネガティブ感情の原因のひとつ
2	共感力が高い女性は感情がゆさぶられやすい
3	女性は感情を溜めこまないで小出しにできる

◆男性の育児休業取得率の推移

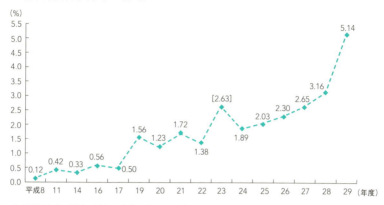

注：平成23年度の[ ]内の割合は、岩手県、宮城県及び福島県を除く全国の結果。

(出典：平成29年度 厚生労働省 雇用均等基本調査)

が湧き出してきて、コントロールが効かなくなってしまうのです。

女性は感情を小出しにできる

　育児に協力的なイクメンや家事を一手に引き受ける主夫も徐々に増加しつつありますが、実際はまだまだというのが現状です。男性が育児休暇や介護休暇を取ると出世に響くという旧態依然とした世の中で家庭を優先せざるを得ない女性たちは、その不満やイラ立ち、焦りなど多くの思いが巡ります。

　一方で、**いざというときの決断力や行動力、直感にかけて女性はたいへん優れています**。悩んだら友だちに電話して相談する、カウンセリングを受けに行く、セミナーを受講する、本で勉強するなど、**感情が積もり積もって身動きが取れなくなる前に何らかの対処ができる**のです。

　その点、男性は感情を小出しにするのが苦手で、不満やストレスを溜め込んでしまう傾向があります。

Column
「勝ち組」と「負け組」

　1990年代前半にバブルが崩壊すると、日本は一気に格差社会となりました。倒産や失業が増える一方で、IT系ベンチャー企業の経営者など新たな富裕層が登場。経済的な成功の度合いで人を「勝ち組・負け組」に分類することが流行しました。

　2011年の東日本大震災でそれまでの生き方を見直す人が増えたことにより、「勝ち組・負け組」だけではない、価値観の多様化がみられるようにもなりました。

6 女性同士がうまくいくために必要なこと

◆コミュニケーション意識調査

女性同士のコミュニケーションは男性とのコミュニケーションより気を使いますか？

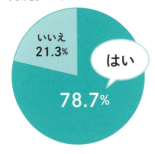

職場や友人で「敵にしたくない」もしくは「敵にすると怖い」と思う女性はいますか？

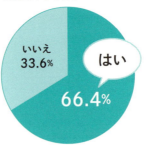

女性同士のコミュニケーションに気を遣っている人、職場や友人で敵にしたくない女性がいると答えた人は約7割いる。

(出典：株式会社ウエディングパーク『ガールズスタイルLABO(GSL)』)

言葉によるコミュニケーションの不足

　小中学生の頃、クラスの女子が仲良しグループを作って、別のグループと対立したり、特定の子を仲間はずれにしたりしていませんでしたか？　そうした経験が小さなトラウマとなって、大人になった今も「女同士の付き合いって面倒くさい」と感じる人も少なくないでしょう。

　女性同士の人間関係を難しくする大きな要因が、「こんなことをしたら嫌われるのではないか」「あの人はどういうつもりで、あんなことを言うんだろう」といった、相手に対する勝手な推測・分析・判断です。相手のほうばかりを見ているから、自分の感情や欲望がおろそかになり、いつも相手に合わせてしまう。でも本当は我慢しているから、相手を責める気持ちが言葉や行動の端々に出る。相手はそれを感じ取って、ますます関係がこじれる……というしくみです。

　そんな悪循環を避けるには、自分の気持ちを素直に正直に伝えるのがいちばん確実で手っ取り早い方法です。ところが、これが難しいのです。というのも、女性はもともと共感力が高いので無意識のうちに「いちいち言わなくても察してくれるのが普通」と思ってしまいがちです。そのため、女性は言葉を省く傾向にあります。言葉にしてはっきり言うと傷つけるだろうと気遣ったり、角が立つことを恐れたり、意識的に明言を避けることもあるでしょう。逆に、共感力に頼るあまり、自分の気持ちを伝えるためのボキャブラリーの少なさが、問題を大きくしている面もあるのです。

　そんなわけで、私たちは"言葉によるコミュニケーション"が苦手です。経験を積んでいないので「こんなことを言っていいのかな」と不安に感じてしまうのです。

POINT		
	1	人間関係を難しくする原因は勝手な推測・分析・判断
	2	円滑な関係のためには自分の気持ちを伝えること
	3	主語を自分にして本音を伝える

◆「あなた」メッセージと「わたし」メッセージ（上司→部下の場合）

「あなた」メッセージ	「わたし」メッセージ
1 また同じミスじゃない？ 2 何度言ったらわかるの？ 3 メンバーにも大きな迷惑がかかることがわからない？ 4 これからどうする気？	1 これは前回と同じミスですね 2 何度も注意するのは私も気が重いから、慎重に進めてください 3 メンバーには○○○○という迷惑がかかっています 4 作業が終わる都度、必ずチェックをする習慣をつけたらどう？　そうすればミスも減るだろうし、私も助かります

（出典：PHP人材開発webサイトをもとに改変）

本音を伝える練習

　女性は恋人に「愛してる」と言われたいように、**女性には"言葉で伝えられると納得する"**という特徴があります。女性同士であってもやはり"言葉で伝える"ことは重要です。

　相手の顔色をうかがって言いたいことを飲み込む必要はありません。むしろ「私はこう思うんだけど」「私はこう感じたの」と本音を言うほうがうまくいくのです。ポイントは**主語が自分（I）であること**。「あなたって～だよね」「あなたのせいよ」「あなたはこうしたほうがいい」など相手（YOU）を主語にするのは本音ではなく攻撃です。

　また、攻撃してくる相手に対しては「ちょっと待って」「とりあえず今は私の話を聞いて」など、制止の言葉を用意しておくといいでしょう。言葉がうまく出てこなければ「私は言葉がうまく出てこないんだ」と言えばいいのです。最初は勇気が必要ですが、そのうち慣れます。思った以上に心が軽くなりますよ。

Column
エンパス（共感力者）とは

　他者の思考や感情に共感する能力が格別に高い人を「エンパス」と呼んだのはローズ・ローズトゥリーです。言葉がしゃべれない赤ちゃんや動物の世話がうまい、そばにいる人の肉体的な痛みに感染することがある、人混みに行くと疲れやすい、などの特徴がある人はエンパスである可能性が高いといいます。

　日本人の場合は、「ネガティブ感情」への共感能力のほうが勝っているのかもしれません。

第１部：女子の人間関係・感情とは？

7 本当の「女らしさ」ってどういうこと？

◆女らしさ、男らしさって……

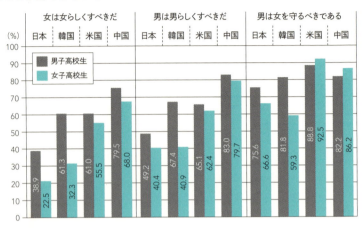

日本の高校生はほかの国と比べて「女らしく」「男らしく」という意識が低い。

男性に選ばれるための「女らしさ」志向というもの

　人気ミュージカル『エビータ』の主人公エバ・ペロンは、女優から大統領夫人にまで出世した女性です。そのきっかけは、政界に太いパイプをもつ軍人フアン・ペロンの愛人になったことでした。

　これまで、世界的に見ても、女性の社会的地位は「どんな男性に選ばれるか」によって決まってきました。エバが生きたのは1900年代前半ですが、現在でもその傾向は根強く残っています。一般的に、婚活パーティーなどに参加する女性は、自主的に相手を選ぶことより、いかに選ばれるかを考えることがあります。これは、自分自身の価値観はともかく、オトコに好まれるオンナという一般論での「女らしさ」を気にしている人がいるということです。外見が美しいとか、料理がうまいとか、世間一般に信じられている「女らしさ」の基準に一生懸命自分を合わせている女性もいます。逆に、女らしさなどどこ吹く風で気ままにしている女性も多くいます。

　自分と比較して、恵まれているように見える、またはみんなが我慢してやっていることを平気でしない。そんな人間に対しては、女性に限らず悔しさや腹立たしさが湧き起こります。これは恋愛や結婚だけでなく、人生のどんな分野でも、同じ心理が働いています。

POINT		
	1	オトコに好まれるオンナという視点での「女らしさ」が存在する
	2	女らしさに絶対値などない
	3	無理をしないことが大切

◆女性と男性の生理学的な差

	身体組成	生理学	神経系	心血管系・呼吸器系
女＞男	成熟体脂肪率	—	—	—
女＝男	—	体温調節パフォーマンス（思春期前）	各種筋線維の割合	—
女＜男	体重筋肉量身長	有酸素能力無酸素能力スピードパワー出力	筋線維の大きさ筋力／パワー	一回拍出量肺容量血色素量ヘマトクリット※血液量

※ヘマトクリット……血液中に占める赤血球の体積の割合

（出典:日本スポーツ振興センター）

女らしさの尺度は変化する

かつては「幼少期は父に従い、結婚したら夫に従い、歳をとったら子に従う」のが女性の模範とされていました。数十年前までは「女に学歴はいらない」という考えがふつうでした。"女性はこうあるべきだ"という社会的な価値観が、いかに頼りない一過性のものであるかがわかるでしょう。

現実には、**女らしさの絶対値など存在しません**。自分の女性性をどう活かすかは自分で決める権利があります。外面的なものでも内面的なものでも、自分自身の女性らしさを認めて、磨きをかけて、有効に使えばいいのです。

オトコに媚びるオンナは同性に嫌われる女性No.1です。男性は悪い気はしないでしょうが、イヤなら自分がしなければいいだけです。ただ、女性は体力的に男性より弱いところがあるのも事実。頼れるところは頼るべきです。**とにかく無理をしないこと**。自分を大切にしましょう。

Column
女らしさとは何か

『君死にたまふことなかれ』などで知られる歌人・詩人の与謝野晶子は、1921（大正10）年に『「女らしさ」とは何か』と題する評論を婦人雑誌に発表。

愛情深く優雅で控えめなことを「女らしさ」と定義して「女らしくない」女性を非難する人々に対し、"愛・優雅・つつましやかさは女子にのみ期待すべきものでなく、男女ともに共通して欠くことのできない人間性そのものである"と反論しました。

第1部……女子の人間関係・感情とは？

8 男同士の関係からわかる、女同士の関係

◆ヒエラルキーの形成

男性は狩猟のため、リーダーの指示に従い、組織立って行動してきた。

男性に顕著な階層意識

　原始時代の男性は、自分や家族を養うために狩猟をしていました。獲物を捕まえるためには、リーダー(ボス)の指示に従って、作戦通りに獲物を追い込んでいかなければなりません。組織立った行動をせず、個人で自分勝手に動けば命取りになります。

　こうした昔の経験から、男性間での人間関係には、女性とは異なるふたつの大きな特徴があります。

　ひとつ目に、**上下関係がハッキリしているということ**。群れを作る野生動物のように人間の世界でも、絶対的なボスがいちばん上にいて、その下に第二位、さらに下に第三位……というヒエラルキー(階層組織)が形成されます。上(先輩、上司)が命令して下(後輩、部下)が従うというルールにさえ従っていればすべてうまくいく、という世界が男性の間ではよく見られるのです。

　漫画の『ドラえもん』では、ジャイアンがボス、スネ夫が二番手、のび太がいちばん下っ端です。そして、スネ夫はジャイアンには従順ですが、のび太に対しては偉そうにしています。このようなスネ夫のふるまいもまた**"上には弱く、下には強い"**という、男性同士の付き合い方のひとつの典型です。

　一方、向上心や野心のある男性は、下のほうに留まってごちゃごちゃするより、一気に頂点に立つことを考えます。ずっと織田信長の下で忠誠を尽くし、信長が死んだ途端に取って代わった豊臣秀吉は、そのよい例といえるでしょう。

POINT	
1	男性は上下関係がハッキリしている
2	仲間同士の結束が固く、女性では理解できないこともある
3	男性同士、女性同士、どちらかの関係がよいということではない

◆オオカミ社会の序列

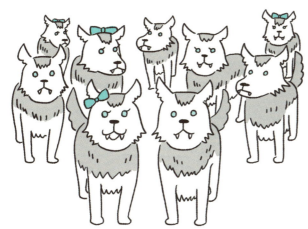

オオカミはオスとメスのペアを中心として、平均8〜15頭ほどの群れを成して生活している。群れには順位制があり、通常は繁殖ペアが最上位。リーダーの下はこれに従う関係になる。

単純で絆は深い

　ふたつ目の特徴は、**仲間同士の結束がとても固い**ことです。デートより友だち付き合いを優先させたり、殴り合いのケンカをした翌日には仲直りしていたり……女性から見ると不思議な行動だったりすることもありますが、男同士の絆とはそういうものです。

　十年来の友だちなのにプライベートをほとんど知らない、一緒にいながら黙ってゲームをしている、など表面的にはとてもあっさりして見えるのは「細かいことはどうでもいい」と思っているから。あるいは、単純だから初めから興味がない、気づいていないという可能性も大です（→P12）。

　以上は一般論であり、もちろん個人差はあります。また、男性同士と女性同士を比べてどちらがよい・悪いというものでもありません。

　しかし、もしあなたが女性ならではの人間関係に疲れて傷ついているのなら、男性のやり方を試してみるのはいかがでしょうか？

Column
男と男の嫉妬

　男性同士で嫉妬の対象となるのは「収入が多い」「仕事がデキる」「出世が早い」など仕事に関わることか、「顔がいい」「背が高い」「美女と付き合っている」などモテ関係のことのふたつに集約されます。

　女の嫉妬は恐ろしいといわれますが、男性だって似たようなものです。職場で同じ女性を好きになり、ライバルの悪口をあることないこと言いふらすといった陰湿なケースもあります。

9 女性同士の ベストな関係とは

◆「私」と「他者」のかかわり

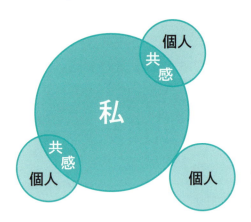

どんなに親しくてもすべて重なり合うわけではない。"私"に接する部分が共感する部分になる。

相手の領域にズカズカ踏み込まない

　女性同士の関係を心地よいものにする最大のポイントは、**ほどよい距離を保つこと**です。「距離」というと冷たい感じがするなら、**「境界線を引く」「領域を守る」**と言い換えてもいいでしょう。

　「何でも打ち明け合って、何でも共有できるのが親友」だと思っている人がいます。一見、それは素敵なことのように思えるかもしれませんが、**それを前提にすると、「何でも打ち明けなければならない」となります**。だから、単に相手が、別の友だちと遊びに行ったというだけで「裏切られた。許せない！」となってしまうのです。

　しかし実際には、仲がいいから、家族だからといって、相手のことを何もかも知っているわけではないし、その必要もありません。自分のルールを押し付けて、相手の行動を操作することもできません。それは友だちではなく親分・子分の関係です。

　人は誰でも、自分だけの世界をもっています。自室で気持ちよく過ごしているとき、誰かがノックもせずに入ってきたら不快に感じませんか？　「自分の部屋どころか、玄関でもイヤだ」という人もいれば「いいえ、まったく平気です」という人もいるでしょう。境界線の引かれる範囲は本当に人それぞれです。私たちはそれを互いに認め合うしかありません。自分からアプローチするときは「このぐらい大丈夫だろう」と勝手に決めず、相手のほうから来たときは「黙っていてもわかるだろう」と勝手に期待しないことです。**仲がいいならなおさらのこと、互いの自由を尊重しなければなりません。**

POINT		
	1	女性関係には「ほどよい距離」を保つことが大切
	2	親友といっても、すべてに踏み込んではいけない
	3	私も自由、あなたも自由である、という意識をもつ

◆過保護・拒絶・否定・支配が受け継がれていく

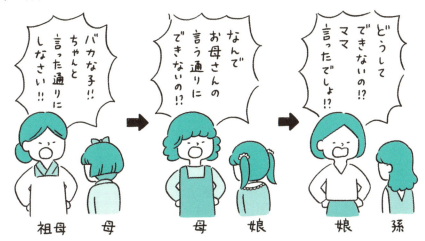

根本にある親子関係

　共感能力に長けた女性には、他人と自分との境界線が曖昧で、適切な距離感がわからない人がいます。その原因を探っていくと、大半が**「母娘の関係」**に行き着きます。

　残念ながら多くの母親は、過保護（何かにつけて口を出す）、拒絶（じっくり話を聞かない）、否定（バカにする）、同情を誘う（愚痴を聞かせる）などさまざまな方法で娘を支配し、娘の領域に侵入し、娘の自由を奪っています。そんな母親自身もまた、自分の母親から対等に扱われたことがありません。先の親友の例と同じく、境界線を曖昧にして相手のすべてを把握することが愛だと思っているのです。

　私も自由、あなたも自由、互いに干渉し合うのはやめましょう。自分自身が率先して解放されれば同時に相手をも解放することになり、互いに自由で対等な関係が築けます。距離を置くことで以前より仲良くなった例も少なくありません。

Column
気を「つかう」ということ

　「気を使う」とは、相手の気持ちを勝手に想像または推測し、決めつけること。相手に嫌われたくない、傷つけたらどうしようという恐怖から仕方なくやっているので、ものすごく疲れます。

　一方、心から相手を大切に思い、したくてするのが「気遣い」です。愛に根づいた行動なので、するほうもされるほうも満たされます。自分のしていることの動機が恐怖なのか愛なのか見極められるようになりたいですね。

10 女性同士の付き合い方が上手な人って？

◆ 同性から好かれる女性のタイプ

| 1 性格がさっぱりしている | 2 自分を貫いている | 3 常に感情が安定している |

自己チューではなく自分を大切にできる人

　ちょっと意外に聞こえるかもしれませんが、「誰とでも仲良くしなくてはいけない」と努力すればするほど、人と付き合うのが難しくなります。自分を抑えて相手の気持ちや思惑を考慮してばかりいると、相手の一挙手一投足に振り回され、つまらない競争に巻き込まれたり主従関係ができたりしてしまうからです。

　女性同士の付き合いを楽々とこなす人たちの共通点は、**相手よりも自分自身の気持ちを大事に扱っていること**。どんな場面でも自分の欲求・願い・感情を優先し、決して無理をしないのです。女子会に行きたくなければ行かないし、噂話を聞きたくなければ聞かないし、もしも誰かに傷つけられたら「傷ついた」と素直に伝えることができる。相手がどう行動するかは相手の自由と割り切っているので、誘いを断られても根にもたないし、嫌味や皮肉を言われても軽く聞き流すことができます。

　自分を大事にしている人は、**他人からどう思われよう（見られよう）と、ある意味"どうでもいい"**のです。相手に合わせて仮面をかぶる必要がなく、ただ自分に正直なだけなので、言動に裏表がありません。自分で自分を満たしているから、口出しもしないし命令もしません。

　こういう人は、不機嫌になるような場には最初から顔を出さないのですから、周囲も気を使わなくて済みます。面倒くさくない、サバサバした印象で、同性からの好感度が高い。だから付き合いやすいのです。

POINT		
	1	人間関係が上手な人は、まずは自分自身を大切にしている
	2	他人をどうこうするのではなく、自分を満足させること
	3	自分中心と自己中は違うと理解する

◆自分中心と自己中の違い

自分を優先する生き方

　このように自分を優先する生き方を「自分中心」「自分軸」「自分を愛する」などといいます。

　他人を無視して自分の欲求をゴリ押しする「自己中心的」「利己主義」とは違い、自分で自分を満たしているので他人をどうこうする必要がありません。それどころか、自分に優しくすればするほど他人にも優しくなります。考えてみてください。他人を踏みにじることがあなたの幸せですか？　自分が幸せになることが最優先ですよね。

　誰よりも自分を大事にすることに、罪悪感はまったく必要ありません。

　自分にフォーカスしていれば、発言の主語が「わたし」(I)になるので、人との会話もスムーズになります（→P23）。会話が上手になれば対人関係で緊張することが減り、心も体もリラックスして健康状態がよくなります。自分中心の生き方を身につけると、人生そのものが格段に楽しくなります。

Column
自己肯定感って？

　最近、「自己肯定感」という言葉がよく聞かれます。自己肯定感が低く、それについて悩んでいる人も多いそうです。これは自分の価値に対する感覚ですから、自分が自分についてどのように考え、どう感じているかで決まることです。

　自分を肯定するために必要なのは自分と向き合うこと。向き合うとは悪い部分に目を向けるのではなく、自分を愛するために見つめるということです。ネガティブに考えがちな人が多いのですが、ポジティブな意識に変換させることがスタートです。

第 **2** 部

女子の人間関係・感情辞典

性格・感情にはさまざまな種類があります。どれがいい、どれが悪い、ということはなく、状況や捉え方によって、よくも悪くもなるものです。自分のことやまわりの人のことをよく知るために、人間関係のカギとなるワードを掘り下げていきましょう。また、避けて通れないイベントについても、その対処法を解説していきます。

愛嬌(あいきょう)

意味	にこやかで、かわいらしさがあること
類義語	かわいげ／愛らしい／愛くるしい／チャーミング
使い方	彼女は愛嬌があるから憎めない

愛嬌とは、言葉やしぐさなどに表れる明るく愛らしい感じを意味する。もともとその人に備わっている個性なので、愛嬌がある人は、笑顔がかわいい、いつもにこやか、ひょうきんで憎めない、周囲を和ませて明るくしてくれる、素直でおおらか、などの特徴が自然に湧き出てくる。つまり、「あの子がいるとその場が明るくなって元気になる」というイメージを相手に持たれやすい人ということだ。

愛嬌のある人は、好印象を持たれるので、仕事や対人関係もうまく運びやすい。「女は愛嬌」はモテ女子の必須アイテム。キレイなだけの女性より、愛嬌のある女性、つまり「かわいげ」(→P75)のある女性は人気者になる度合いが高く、男性だけでなく女性からも愛される。

●愛嬌が足りないなら……

愛嬌が欲しい……と思ったら、愛嬌のある人の表情やしぐさをマネしてみることもよい。笑顔を増やしてみる、明るく挨拶をしてみる、相手の話を楽しそうに聞くなど、できることを少しずつ生活の中に取り入れていこう。鏡の前でいろいろな表情をつくり、自分なりの魅力を研究してみることもおすすめ。いつの間にか身について、周囲からの評価がアップするだろう。

ただし、わざと愛嬌を振りまこうとすると、「あざとい」「媚びている」とイヤな女のレッテルを貼られて敬遠される。

> 会った瞬間に、「愛嬌がある」と思ってもらえたら、その後の関係もスムーズになる。初対面の人には、笑顔を向けてみよう。第一印象は、対人関係の要となる。

ミニコラム　「返報性の原理」で相手の心をつかむ

「返報性の原理(へんぽうせい)」は、人から何かをしてもらったら、それに対してお返しをしなければと思う心理状態になることをいいます。返報性の法則には、相手が好意を見せれば、相手も好意を返してくれるという「好意の返報性」があります。例えば、笑顔で「こんにちは」と言われると、言われたほうも笑顔で対応しようとします。日常的に行われている行為ですが、笑顔を向けられるとイヤな気分になる人は少ないでしょう。人間関係を活性化するテクニックです。

愛想笑い（あいそわらい）

意 味	人の機嫌をとるための笑い
類義語	お世辞笑い／つくり笑い
場 面	職場／学校／友人関係

笑いは本来、嬉しい、楽しいときに表れるポジティブな感情表現だが、愛想笑いは**自分の本心とは裏腹にその場の空気に合わせる、相手の機嫌を損なわないように「楽しいふり」をするというネガティブな要素**を含んでいる。

愛想笑いには次のような心理が隠されている。

- 相手に嫌われたくない
- 自分をよく見せたい
- その場をしのぎたい
- 人間関係を円滑にしたい
- 異性から好かれたい

愛想笑いは、誰もが経験のある日常的な行為であり、**人間関係を築くうえで大切なコミュニケーションツール**ともいえる。職場では、愛想笑いが必要な場面は多い。上司のくだらないジョークに笑顔で応えればその場が和み、仕事も順調に進む。会話の中で共感を求められ、「違うでしょ」と思っても、「そうですね～」とニッコリすればランチタイムを穏便に乗り切れる。婚活パーティーや合コンでは男性は笑顔の素敵な女性に好感を持ちやすいので、異性に好かれ出会いの確率も高くなる。

●愛想笑いはストレスのもとになることも

人間関係の潤滑油となる愛想笑いだが、自分の本心とは違う「楽しいふり、同感のふり」の笑いを続けていると気づかないうちにストレスを溜め込んでしまうという面ももっている。人付き合いは疲れると思っている人は、愛想笑いに疲れているのかもしれない。ときには、人に合わせてばかりいる「いい人」をやめ、本当の自分に戻る時間も必要である。愛想笑いをするのは男性より女性が多いという。心が悲鳴を上げる前に、自分の心と向き合ってみよう。

> 愛想笑いは、人間関係を円滑にするがストレスの原因にもなる。無理な笑顔はやめて、本来の自分を取り戻すことも必要である。

ミニコラム　つくられた表情は左右非対称

嘘でつくられた表情は左右非対称となり、左半分に表情が出やすいという実験結果があります。つまり、心から笑ったときの表情は左右対称に、愛想笑いは左側のほうに笑顔が強く出るということなのです。

●自然な笑顔
左右対称
頬が引き上がる
目じりに小ジワができる
片方に感情が強く出ることはない

●つくった笑顔
左右非対称
目のまわりの動きが伴わない
左半分に笑顔が強く出る
突然、真顔になる

アイメイク

意　味	目元をアイシャドウやマスカラで整えること
類義語	目元の化粧
使い方	最も時間をかけるのはアイメイク

　メイクアップは、自己表現・自己防衛の手段であり、**本来の自分とは違う人間になりたいという変身願望を満たしてくれる**ものでもある。心理的効果としては、人に会いたくなるなどの積極性の向上、他者とのコミュニケーションの円滑化、やる気が出る、明るくなる、自分が好きになる、疲労感の緩和、アンチエイジング効果などがある。メイクアップによって、顔へのコンプレックスが減ることで自分への不安感が減少、自信がつき表情がイキイキとなることがわかっている。

　化粧前後の写真を被験者に見せて、印象を比較する実験では、化粧をした女性のほうが評価は高く、特に男性は化粧後の女性のほうが魅力的だとしている。さらに、男性は、スッピンの女性よりも化粧をした女性に対して親切にふるまうという結果も出ている。

●錯覚テクニックで目元美人

　なぜ、女性は大きい目になりたいのか。それは、大きな目の女性に惹かれる人が多いからだ。大きな目は、無意識に幼い子どもや猫や犬のような愛らしさを想起させ、本能的な保護欲や愛情をかきたてる。キラキラした目で見つめられると相手が自分に好意をもってくれていると思う。**目の大きな女性は瞳孔も大きいので、目の小さい人に比べると魅力的な人というイメージを与えやすい。**したがって人の気を惹きやすい。

　目を大きく見せる錯覚手法として、「デルブーフ錯視」と「ミュラー・リヤー錯視」が利用できる。デルブーフ錯視は、同じ大きさの円で単体のみと外側に少し大きい円を加えた二重の円では二重円の内側の円のほうが大きく見えるというもの。外側の円に影響され、内側の円が大きく見える目の錯覚である。ミュラー・リヤー錯視は、同じ線でも両端についた矢印の向きが異なると、長さが変わって見えるというもの。これらの法則から、
・二重や涙袋で目が大きく見える（単独円に外側の円をプラスする効果：デルブーフ錯視）
・アイラインやアイシャドウを施すと大きく見える（目のまわりに外側の円をプラスする効果：デルブーフ錯視）
・つけまつげやマスカラで目を大きく、横に長く見せられる（外側に向かうまつげを強調する効果：ミュラー・リヤー錯視）
　というアイメイクテクニックが導き出される。

> アイメイクを利用すれば、目を大きく魅惑的に見せることができる。表情がイキイキして美しくなれば自信もつき、周囲からの評価も高まる。

あいづち

意　味	相手の話に合わせて、うなずいたり受け答えたりすること
類義語	あいの手／応答／受け答え
場　面	家族や友人など、相手の話を聞くとき

あいづちとは、人と会話をしているとき、相手の話にうなずいたり、「はい」「そうですか」「なるほど」などの言葉を挟んだりすることを指す。

話し手が一生懸命話しているのに、聞き手が何も言わないと、話し手は「この人は私の話をちゃんと聞いてくれているのか？」と不安になるだろう。だが、「あなたの話をちゃんと聞いていますよ、気持ちがわかりますよ」というシグナルとして、「わかります」「本当ですか」「いいですね」などのあいづちがあれば、話し手は「ああ、聞いてくれているんだ。自分の気持ちをわかってくれている」と安心し会話も弾むようになる。**相手の立場になり、相手の気持ちや考えを認め共感するあいづちを打つことが、楽しい会話を引き寄せる。**人の悪口などの場合は、いい加減なあいづちで早々に退散しよう。

> あいづちは、大切なコミュニケーションスキル。あいづちの打ち方が上手な人は、相手によいイメージを与えるので人間関係も良好となる。

憧れ（あこがれ）

意　味	理想とする人や物事に強く心を惹かれること
類義語	憧憬（しょうけい）／恋い慕う／願望
使い方	田舎暮らしに憧れて移住した

憧れには、自分もそうなりたい、理想としている人に近づきたいという思いが込められている。憧れる対象は先輩やアイドル、カリスマモデルなどさまざま。また、忙しい人が田舎暮らしに憧れたり、地方暮らしの人が都会に憧れたりもする。憧れは、**憧れる対象のようになりたいと努力する原動力**になることがある。一方で、嫉妬心にすり替わってしまうこともある。嫉妬心は自分を高めることより、相手を引きずり降ろそうという心理を生むことがあるので注意が必要だ。

憧れる相手をマネして努力をすることでその人に近づける。なかには**憧れの対象を超えるような人**もいる。ただし、努力をせず言動や見た目などの上辺だけをマネしても、労力を無駄遣いするだけでなく、実力と外面の差が開いて苦しむことになる。

> 憧れる気持ちはうまく昇華すれば自分を変えるチャンスにできる。だが、気持ちの処理の仕方を誤ると苦痛になってしまう。

姉 (あね)

意味	きょうだいの中の年長の女子
類義語	お姉ちゃん／長女／上の娘
使い方	姉はいつでもしっかりしている

姉は下の子が生まれると、それまで自分が得ていた親の愛情・注目を奪われたと感じ、いわゆる「赤ちゃん返り」をする。しかし母親も赤ん坊の世話で手いっぱいなので、姉の孤独感を十分に満たしてあげるのは難しい。そこで、姉は自分の子どもらしさを封印し、お手伝いや妹弟の面倒をみるなど、母親の無言の期待に応えることで愛されようとする。その結果、**素直で真面目な"いい子"になることが多い**。

ただ、ありのままの自分では愛されないという自己否定、満たされなかった依存心は心の奥にくすぶり続ける。そのため、「しっかり者」「自立している」という見かけとは裏腹に、意外と打たれ弱かったりもする。

●母親の過干渉への反発心

姉が長女である場合(上に兄がいても)、母親にとっては初めての同性の子として**心情的な距離が近い**。思い入れが強い分だけ育児や教育に身が入る反面、過干渉にもなりがちである。先述したように、姉のほうでも母親を常に観察して顔色をうかがっているので、互いに相手のことを「自分がなんとかしなければ」という思いが強く、似た者同士で反発し合うことが多い。

そんな関係に嫌気がさして、母親とは真逆の生き方を選び、物理的な距離を置くことも少なくないが、親を捨てたように感じて罪悪感をもってしまうと結局は自分を抑え込むことに。そんな姉から見ると妹は何もしないでかわいがられているように見え、嫉妬の対象になることがある。

ミニコラム　感謝の言葉を大切にする

よい人間関係を築いていくうえで大切にしたいのが「感謝の言葉」です。感謝の言葉はポジティブワードですから、自分の気持ちも整えてくれ、相手の気持ちも上げてくれます。「ありがとう」「助かりました」「感謝しています」「嬉しいです」など、相手に感謝を伝えましょう。人はついネガティブな面を見てしまいます。しかし、相手の褒めるところ、感謝するところを見つけて、ポジティブな部分を積み重ねていけば、相手と良好な関係を築いていけるでしょう。

言葉で伝えることもよいのですが、たまには感謝の手紙を書いてみてはどうでしょう。メールやSNSが発達した世の中ですが、手書きの文字というのは特別なものがあります。誕生日カードや年賀状などでも構いません。日頃の感謝の気持ちを込めたメッセージを送ってみましょう。

●姉妹の葛藤とその影響

妹は姉が叱られたり、失敗したり、苦労をするのを見て育つ。姉が地雷を踏んで歩いてくれるので、そこを避けて安全圏を通ることができる。それが姉の目には「要領がいい」「ズルい」と映ってしまうのである。

妹は妹で「自分はおさがりばかりなのに、お姉ちゃんは新しい服を買ってもらってズルい」と感じている。母親の期待を背負った姉が"ミニお母さん"となって指図してくるのもうっとうしいが、親の介護や遺産相続など面倒な場面では姉に頼ってしまい、それがまた姉にとっては腹立たしく感じられる。

このような姉妹間の葛藤が他人に投影され、友人や先輩・後輩の関係に影響を与えることもある。面倒見がよく親身になって世話を焼くほどなぜか敬遠されてしまう人は、**無意識のうちに"ミニお母さん"をやっている可能性がある。**

●比較対照からの解放

そもそも「姉」とは何なのか?

客観的にいえば「生まれた順番が先だった」ということだけが事実であって、それ以上でもそれ以下でもない。親や妹との上下関係や優劣は、後付けでつくられたにすぎず、本来の自分にはまったく関係ないものだ。**自分自身を「姉」という枠から外して自由にしてあげよう。**姉としての役割に義務感や被害者意識を感じて苦しいのなら、断ってもいいという許可を自分に与えよう。家族から「お姉ちゃん」と呼ばれている人は、それをやめて名前で呼んでもらうようにするといいかもしれない。姉である前にひとりの人間として自分を認めると、親も妹も同じように、ひとりの人間として同等に付き合えるようになる。

> しっかり者で面倒見がいい「姉」の性格は後天的に身につけたもの。自立しているように見えても実は、下の子へのライバル意識や母親の過干渉に苦しんでいることがある。

ミニコラム　プラシーボ効果とは……

薬効成分を含んでいない薬を飲んだはずなのに、薬を飲んだという思いから体調がよくなった、ということがあります。思い込みが状態を変化させるということです。これを「プラシーボ効果」といいます。　同様に、まわりから何かを言われる、情報を得るなどして、心理的な変化が起こり、体に影響を及ぼすことも「プラシーボ効果」といいます。

一方で、思い込むことで体調が悪くなったり、ネガティブな気持ちになってしまうことを「ノーシーボ効果」といいます。

あひる口(ぐち)

意　味	あひるのくちばしのような口
類義語	あひる唇
場　面	自分の魅力をアピールしたいとき

　「かわいい!」と一世を風靡(ふうび)した口元の形状があひる口。人気アイドルの、口をちょっと突き出して口角を上がり気味にした口元があひるのくちばしに似ていることから名づけられたとされる。それをマネて、意図的にあひる口をつくり、かわいい女をアピールする人たちがあちこちで見受けられた。

　あひる口は、突き出した唇が魅力的に見えたり、セクシーさを演出するアイテムとしても使えるが、あまりにも多用すると、「男に媚びている」「あざとい」と同性から冷たい視線を受けたり、男性からも「ウケねらい」とマイナスイメージを持たれてしまうことも。ただ、口角がキュッと上がっている表情は、笑っているような明るい印象を醸し出し、相手によいイメージを与えることができるのも事実だ。

> 自然な表情の中のあひる口は魅力のひとつとなるが、意図的なあひる口は、ほどほどにすることが肝心。

イースター

意　味	イエス・キリストの復活を祝う日
類義語	復活祭
場　所	街なか／家庭(※春分の日の後の最初の満月の翌日曜日)

　イースターは、キリストが死後3日目に復活したことを祝うキリスト教最大の祝日。生命の復活の象徴である卵にペイントした「イースター・エッグ」や、繁栄の象徴である多産のウサギ「イースター・バニー」がモチーフとして飾られる。昨今、企業や施設等では、ハロウィンに続く新イベントとして浸透させようと力を入れているせいか、春先になるとイースター関連グッズが街なかにあふれるようになった。

　しかし、世の中イベント好きな人間ばかりではない。イースターパーティーを開こうと張り切っている人がいる一方で、イベント増加を負担に思う人がいるのも事実。「仕事もあるのにさ〜、準備の手間もかかるし〜」なのだ。楽しいはずのイベントが、悩みの種になっていることも軽視できないだろう。

> イベントは、思い切り楽しむか、それとも参加せず傍観するか。頑張りすぎず、かといって受け身になりすぎず、自分の気持ち優先で折り合いをつける。

育児(いくじ)

意味	子どもを育てること
類義語	子育て／養育
使い方	育児と仕事の両立は簡単ではない

結婚までは変わらなかった女友だちとの関係が、出産を機に変わることは多い。例えば、育児をしていて自分のことにまで手が回らず、ストレスの溜まった女性がいるとする。子どもも生まれ、新居を建て、学生時代の友人が遊びに来る。いっぱいいっぱいの毎日を送っている自分と比べて、指先まで手入れが行き届いたキラキラした独身女性が来たら。そこに大きな隔たりを感じるだろう。**次第に関係性に距離ができる**ことがある。

また、女性は育児をしても褒められることもなく、家庭内にはストレスだけが溜まっていくこともある。

●ワンオペ育児につぶされる女性たち

ストレスの原因のひとつに「ワンオペ育児」がある。ワンオペ（ワンオペレーション）育児は、女性ひとりで育児も家事も行うことを指した言葉だが、家庭がブラック企業と化していることを示唆する言葉でもある。

母親となった女性のなかには、夫は仕事で帰りが遅い、実家は遠いので頼れない、そばに面倒を見てくれる人も相談できる人もいないという環境にあり、たったひとりで育児や家事に追われ、さらに仕事もこなし、疲れとつらさでイライラ、どうしようもない状態に追い込まれている人も少なくない。シングルマザーのワンオペは、夫がいないのでいっそう過酷である。仕事をもつ女性ばかりでなく、専業主婦も同様だ。

仕事をもっている女性より専業主婦のほうが育児不安やストレスを感じているという意見もある。働いていると、育児とは別の時間を持てるので気晴らしもできるが、家にいる場合、誰にも会わず子どもと向き合っているだけの自分は、社会の役に立っていないと感じたり、働きたかったけど保育園にも入れなかったし、手助けしてくれる人もいないし……と思いつめてしまうこともある。

体も心も限界を超えているのに、夫は何もわかってないとモヤモヤした気持ちも増幅してくる。感情が爆発する前に、夫と話し合い問題点をチェックすべきだ。誰かに頼るのは甘えではなく、権利だと考えよう。

育児はたいへんなことだけではない。新しい発見、新しい関係が築かれるなど得られるものも大きい。

> 育児はひとりで行うものではない。身近に頼れる人がいないときは、自治体に相談するなどの方法もある。誰かの手を借りて休養を取るようにし、ストレスを減らしていこう。

育児休業（育休）

意味	子育てのために仕事を休むこと
類義語	育児休暇
場所	勤務先

女性の育休は比較的取りやすくなってきており、産休明けの時短勤務を利用して働き続ける人も多い。しかし、自分が育休を取っている間に、迷惑をかけたというすまなさや、保育園を早く決めないと復職できないといった焦りなど、肩身が狭い思いをすることがある。また、育児により復職後にキャリアが閉ざされるという現実に直面するなど、悩みは尽きない。一方で、育休を取った人がいる職場は、その分の仕事を他の人でこなさなければならないため、残りの人の負担は増える。

育休の前に、同僚など職場の人には感謝の気持ちを伝えるなどの心配りができるとよいだろう。

●労働環境が整えられることが急務

復職後も時短勤務が続くので、一気に周囲の人の仕事量は減ることはない。それに対して、「彼女ばかりが優遇されている」とか「"今日も帰るんですか？"と嫌味のひとつも言いたくなる」などと不満を抱くものも出てくる。本来、育児休暇や育児のための時短勤務は人として当然の権利であるし、日本の社会的にも必要とされている制度でもあるのに、理解はなかなか得られていないというのが現状だ。

職場で軋轢が生まれることを防ぐためにも、育児休暇や時短勤務を選択する人がいることを前提とした労働環境作りが必要だ。しかし、それを実現できている企業は決して多くない。

> 一部の人たちに負担がかかりすぎると不満が増幅し、トゲトゲした職場になる。育休制度を取得できるような労働環境作りが必要。

ミニコラム　サードプレイス

人間関係のいざこざで疲れたときにつくっておくとよいのがサードプレイス。例えば、ひとつ目の居場所が家庭、二つ目が職場だとしたら、それとは別の三つ目の場所を設けるということです。

趣味の場所など、家庭や職場と違う人間関係がつくれる、自分が落ち着ける場所を見つけましょう。何かあったときに心を落ち着ける場所になり、ストレス軽減にもつながります。

イケダン

意味	イケてる旦那のこと
類義語	模範亭主
使い方	高校の友だちの夫はイケダンらしい

仕事もバリバリとこなし高収入、家事や育児を積極的に行って家族も大事にする、ファッションにも手を抜かず、もちろん外見はイケてる。妻への愛情もたっぷりの魅力あふれる夫がイケダンとされる。そこそこの収入、外見はまあまあ、ゴミ出しや風呂掃除をしてくれるくらいではイケダンの仲間には入れない。すべてにおいて平均点以上をたたき出さないと「私の夫はイケダン」とはならないのだ。

イケダンは妻にとってのステイタスでもある。一緒に歩いていても鼻高々、友人に紹介しても恥ずかしくない。友人への優越感から、"うらやましがられる私"に幸せを感じる女性は多い。中には素敵な夫、イコール素敵な私と勘違いする妻もいる。イケダンの反対語は「ダメダン」。仕事もパッとせず、家事や育児の手伝いもしない夫を指す。

> イケダンの妻に求められるハードルも高い。隣にいるのは、スタイルがよくて美しい、家庭も子育ても仕事もうまくこなすデキる女……だったりする。

イケメン

意味	容姿が優れたかっこいい男性
類義語	男前／美男子／ハンサム／二枚目
使い方	彼女はイケメン好きだ

イケメンの語源は、「イケてる（かっこいい）」に、「men」あるいは、「面」を合成したものと言われ、「イケてるメンズ」という言い方から転じたという説もある。いわゆる顔面偏差値が高いのがイケメンだ。

人のイメージは、第一印象でほとんど決まってしまう。人は外見に左右されやすく、初めて会ったときに魅力的だと感じた人は、その後のイメージもよい。つまり、見た目がコミュニケーションに影響を与えるわけで、イケメンのほうが性格もよさそう、仕事ができそうなど好印象を持たれる確率が高いのである。魅力的な人は他人からも信用されやすく、仕事の成果も上がりやすい。内面もイケてるメンズが付き合う女性は**外見が優れた女性ということだけではなく、何かしらの魅力をもっている人**と考えられる。

> 見た目がよいほうが魅力的と感じる人が多いことから、イケメン人気が高いのもうなずける。イケダンとは求められるスペックが異なる。

意地悪（いじわる）

意　味	わざと人を困らせたりつらく当たること
類義語	嫌がらせ／いびる／いじめ
使い方	意地悪をされ、仲間外れになった

　人が嫌がることをわざとして困らせたり、つらく当たったりすることを意地悪といい、悪口や陰口、暴言、嫌がらせ、仲間外れなどを相手に向けて繰り返し、自分が優位に立とうとする。意地悪な人は、**劣等感が強く自分に自信がない。自分が抱えるコンプレックスやストレスを周囲の弱者や気にいらない人にぶつけて自分の感情のバランスを保っている**のだ。ただ、自分が劣等感をもっていることや、意地悪をしていることに気がつかない人も多い。また、悪口ばかり言っていると、逆にまわりから反撃されることもある。

　悪口や陰口を言う、誹謗中傷を繰り返す、バカにするなどは、**相手の価値を引き下げるための行動**だ。自分よりも優れていると感じた人に対して悪口という手法で攻撃し、相手の嫌がる様子を見て快感を味わい、私のほうが彼女より素敵と優越感に浸るのである。大した理由もなく、なんか気にいらない、ちょっとイラっとするというだけで悪口を言ったり仲間外れにしたりすることもある。

　また、自分がやりたくてもできないことをやったり、手に入れたりしている人を見ると嫉妬心が芽生え、その人の悪口を言って憂さを晴らし妬（ねた）ましさを抑えようとするのもよくあることだ。

●パワハラは劣等感の裏返し

　いじめをする人も同様の感情をもっており、弱者への嫌がらせで自分の欲求不満やストレスを発散している。例えば、いじめる人が上司や親などからプレッシャーを受けていれば、そのプレッシャーから逃れるために、年下や格下の人にストレスをぶつけ自分の優位性を確認する。職場の上司が、会社の利益を気にして部下にパワハラを行い自分の地位を守ろうとするのもこれにあたる。

　これは大人だけでなく子どもも同じで、**集団の中で自分の優位性を確保する**ために、友だちや兄弟にされた意地悪を自分より弱い子に行い自分の劣等感を覆い隠そうとする。無視や悪口で仲間外れにするのも、女の子が内緒話が好きなのも大人の世界と同じだ。

> 意地悪は、人を意図的に傷つけようとする攻撃的な行為。人間の本能には他人に対する攻撃性が含まれるが、攻撃性を抑えようとする性質ももっている。悪口ばかり言っていると遠からずまわりの人に距離を置かれることになる。

依存(いぞん)

意味	他人や組織、物など、他のものに頼って存在していること
類義語	よりどころ／沈溺(ちんでき)／執着
場面	親子関係／恋愛／SNS

依存とはその存在が他のものに頼っていること。その特定の物事に頼ることを自分でコントロールできなくなり、健康や生活、人間関係などに何か問題を起こすようになると依存症と呼ばれる。

オンラインゲームやアルコールなど、趣味や娯楽として楽しむだけなら問題ないが、四六時中そのことが頭から離れなかったり日常に支障をきたしたりするようになると、依存を通り越して依存症とみなされる。**借金をしてまで続けるような強い依存は、専門家の助けを借りないと抜け出すことは難しい。**依存状態をそのままにしていると、エスカレートして生活の基盤を失うことも多々ある。

●依存は心の空白を埋めるため

何かに強く依存するのは、ストレスから逃れたり、心の空白を埋めたりするためだ。常に満たされない気持ちを抱えているので、何かに頼って苦悩を緩和させたり満足を得たいという欲求の表れが、依存状態を引き寄せる。

女性はショッピングなどがもともと好きなため、ストレスなどによって買い物依存症になりやすい傾向がある。買い物は、欲しい物を買うという日常行為だが、欲しい物を手に入れたときに感じた嬉しさや楽しさで心が満たされる。その楽しさを求めてまた買い物をして心を満たし、さらに、さらにとエスカレートしていき、やめられなくなるわけだ。買い物をしているとき、脳内では快楽物質であるドーパミンが分泌されているので、快感を得やすい状態になっている。高額商品を購入したときに店員がちやほやしてくる行為が快感を増幅させ、やめられない状態に拍車をかけることもある。だが、心が満たされたと感じるのは買った瞬間だけであり、買うという行為の快感だけにすがっている。だから、本当に心が満たされたわけではない。購入後は後悔し、これではいけないと反省もする。

依存は物だけでなく、人も対象になる。母親が子どもに依存する、彼氏に依存する、友だちに依存するなどがある。**お互いに依存しながら自己確認をしているような関係を共依存**と呼ぶが、ダメだと思っていても手を放すことができず、ズブズブの関係にハマっているといえる。お互いが協力し合う信頼関係からはほど遠い関係がそこにはある。

誰しも夢中になってやめたくてもやめられないものがある。しかし、自分が依存的になっていると気がついたら、それをやめようとするよりも、自分の心を満たす要因をもっと突き止めて、しかるべき心理療法を受けたほうがいい。

板ばさみ（いた）

意味	対立する二者の間で、どちらにつくこともできず悩むこと
類義語	ジレンマ
場面	友人関係／職場／姉妹／嫁姑

無理難題を押し付けてくる上司と、指示に従わない部下。自己中で言いたい放題の友だちと、その友だちを非難して悪口を言う友だち。このような二者間でうまく立ち回れず、つらい立場になることが板ばさみである。

板ばさみがしんどいのは、**当事者双方よりも間に入っている人がストレスを抱えることだ。**当事者は好き勝手、自分の思うままの意見や悪口を言い、聞いてくれる相手の気持ちなど考えていない。どちらかの言い分を聞けばもう片方の機嫌は悪くなるわけで、間に入ったほうは対処の仕方に苦慮することになる。

板ばさみにあいやすい人は、**誰にでも愛想よく接したり、自分の意見を言えない人が多い。**裏を返せば、みんなに好かれたい、嫌われたくないという心理がそこにある。だから、時には八方美人（→P145）になってしまうわけだ。当事者双方の意見に同調したり、あやふやな態度ばかりとっていると、そのうち「誰にでもいい顔をする」と周囲から軽蔑され、当事者より悪者にされてしまうこともある。

そうならないためにも、私はこう思う、と自分の意見を両者に伝え、どちらの味方にもならないと決めて、中立の立場でいることが肝心だ。自分の意見をハッキリ言ったほうが、トラブルに巻き込まれることが少なくなる。

> 女性が多い職場では、グループ同士の板ばさみに悩むことも多い。調整することを考えるより、その問題をタッチしないのも賢い方法。自分にとってのメリットを優先して考えよう。

ミニコラム　板ばさみから生じる「サンドイッチ症候群」

サンドイッチ症候群とは、上司と部下との板ばさみになることで生じるストレスによって心身が不調になること。中間管理職に起こることから、管理職症候群、マネージャー・シンドロームとも呼ばれている。症状は、慢性疲労、頭痛、動悸、高血圧、めまい、不眠、抑うつ状態、自律神経失調、消化器官系疾患などである。この疾患にかかりやすいのは、真面目で誠実、几帳面で繊細な人。周囲に気をつかいすぎて、自分の気持ちを抑えることが多くなるため、心身に疲れが蓄積し症状が出るようになる。

中間管理職は、精神的にも体力的にも疲れる立場だ。加えて、上司からのプレッシャー、部下からの不平不満を一身に背負う立場でもある。どちらの言い分もわかるので、両方の心情を考えて板ばさみとなる。自分にはできない、無理だと思ったら、自分の気持ちを素直に伝えることも予防方法のひとつ。

井戸端会議（いどばたかいぎ）

意　味	家事の合間に集まって世間話をすること
類義語	茶飲み話／よもやま話／世間話
場　所	町内会／ご近所／公園／道端

　井戸端会議は、昔ながらのご近所付き合いの象徴的光景である。路上でのおしゃべりが延々と続き、通行人に迷惑をかけてもなんのその。人間の「群れるのが好き」という生態が垣間見られる。路上での開催やファミレスやファストフード店などで見られ、メンバーもご近所の人より子どもが同年齢同士のママ友がメインになっている。

　身近な人との楽しい息抜きタイムだが、多人数が集まれば必ず出てくるのがその場にいない人の悪口。場合によっては、その悪口を巡ってトラブルが発生することもあるので、巻き込まれないよう自分なりの対策をとろう。話をするときは、**相手とある程度の距離を保ちプライバシーにあまり踏み込まないように**、当たり障りのない言葉とにこやかな表情をまとって参加するのが無難。

> 井戸端会議に噂話はつきものだが、楽しい時間を過ごすには相手とほどよい距離感を保ちながら無難な話を交わすのがコツと心得る。

いびる

意　味	立場の弱い人をいじめて苦しめること
類義語	意地悪／嫌がらせ／いじめ
使い方	気にいらない部下を上司がいびる

　いびるには、「時間をかけて焼く」という意味があり、その様がじわじわといじめて苦しめることに似ていることから、「いびる」と言うようになったという。姑の嫁いびり、新しいグループに参加した新参者へのいびり、ママ友同士のいびりなどがある。

　どうして人はいびるという行為に出るのか。理由としては**集団で群れたがり、自分に共感してくれる人を求める傾向があることが考えられる**。いびる人は自分に自信がなく、周囲を蹴落として優位に立とうとする。職場という集団の中で、自分の意に沿わない人が現れると、共感を得られないと判断。仕事ができる人が現れると自分の立場を危うくすると考え、排除しようとする。それが、ねちねちと陰湿な、いびるという行動につながっている。

> 攻撃を受けても堂々とした態度をとり、平静を装うことが大切。ただし、耐えられないと判断したらその場から逃げることも考えよう。

妹
いもうと

意　味	きょうだいの中の年下の女子
類義語	下の娘／末娘
場　面	姉と比べて要領のよさを感じるとき

　子ども時代を「妹」として過ごした人に共通するのは、当然ながら兄や姉など年上のきょうだいが、物心ついた頃から強く意識されていることである。

　上のきょうだいが、どんな行動をとると大人から褒められるのか。あるいは逆に、どうすると怒られるのか。その状況を間近に見ているため、**大人たちとの関係においては、年上のきょうだいよりも優位な部分がある**。

　わかりやすくいえば、人のふりを見て我がふりを直しやすいので、自然と協調性の高い、いわゆるよい子に育つ。

　さらに女の子は、気配りや協調性を小さいうちから求められることが多く、なおさら男の子（弟）以上に、そうした性格的特徴を強める傾向にある。同様の理由から、社交的なのも妹だ。

●姉に対するライバル心

　上のきょうだいが兄の場合と、姉の場合とでは、少し違う影響が見られることもある。**兄がいる場合は、どちらかといえば守ってもらいやすい立場となり、そのため大人になってからも甘え上手な女性というキャラクターが一般的**だ。文字通りの「妹キャラ」である。

　姉がいる場合は、上のきょうだいが与える影響がより直接的なので、おしゃれに対する関心が人一倍強かったり、**同じ女性としてライバル心を燃やしたりする**。妹が着る服に姉のおさがりをあてがうケースも多く、親や姉からすれば合理的なやり方だと感じることでも、妹は内心、不満に思っているもの。また、たとえそうでなくても、二人目以降の子どもは、最初の子どものときより親の気持ちに余裕がある分、多少育て方が雑になる点は否めない。

　それを放任主義と捉えれば、当の妹ものびのびとした環境で心地よいと感じるかもしれないが、一身に愛情を集め、何でも新品を買い与えられてきた上のきょうだいへの羨ましさを強く感じれば、ますます嫉妬心やライバル心を燃やすことになるだろう。

●妹がライバルになるとき

　姉から見た妹がやっかいな存在になるのは、まさにこうした嫉妬心やライバル心が大きな結果に結びついたときだ。

　例えば、姉がバレエを習いたいと言い出すと、妹は自分も習いたいと言い出すだろ

う。それだけならまだしも、先にお手本があるため、もっとスマートに上達する可能性が高いし、同時期に習い始めれば、年齢的には妹のほうが小さいときから始めることになるため、さらに上達する。

マイペースな性格の人が多い姉に対し、社交的で周囲に細かい気配りができる妹がライバル心を燃やせば、思春期以降の恋愛でも先んじる可能性が大である。近年、妹が姉より先に結婚するケースが目立っているのも、もともと妹にそうした傾向があったのが、現代の世相を反映して顕在化したにすぎない。

●「上のきょうだいありき」をやめる

子どもの頃、妹であるがゆえに不遇な時代を過ごしたと感じている人でも、以上のように、何らかのメリットはあったはずだ。

ただし、**上のきょうだいありきの行動パターンは、自分が本当にやりたいことを見失わせる危険もある。**嫉妬心やライバル心はひとつの原動力だが、それがあまりにも強すぎれば、進路や恋愛相手を選ぶ際に結論を急いで失敗する事態に陥りかねない。これを防ぐには、とかく周囲の空気を読みすぎる自分の性格に気づき、自分が本当にやりたいことをあえて自分に問いかけるクセをつけることだ。

そうすれば、もともと気配りができ、負けん気も強い性格であるがゆえに、さまざまな困難に立ち向かうだけの力をもっている人が多いのだから、よりよい人生の選択ができるようになるだろう。誰かを越えよう、ではなく、自分自身のために頑張っている姿を見れば、姉をはじめとする周囲の人たちも、もっと素直にあなたのことを応援してくれるはずだ。

> 妹は、周囲に気配りができる一方で、姉に対して燃やすライバル心が原動力。負けん気の強さから、仕事でも恋愛でも成功する可能性は高い。ただし、上のきょうだいありきの選択をすると人生を見誤ることもあるので気をつけよう。

ミニコラム
自分の世界を守ること

母親や姉妹など、家族であっても自分の世界を守ることは大切です。例えば、結婚して実家を出たにもかかわらず、新居にまでやってきて口出しをする母親。急に訪れてあれこれと話し込んでいきます。急に自分の目の届くところから娘がいなくなり、「ちゃんと生活できているか心配」ということでしょうが、過干渉になっている状態は、決してよい親子関係とはいえません。

よい親子関係を築くために必要なことは、「自分の世界がちゃんと守られているか」ということ。母と娘で境界線をしっかりと引くことです。「来る前には連絡をしてね」と伝えたり、「〇日は空いているから、一緒に出かけよう」と言って会う機会を別に設けたりするなどして、適切な距離を保つようにしましょう。

イライラ

意　　味	気持ちがあせって落ち着かない様子
類義語	いらだたしい／気をもむ／やきもき
使い方	後輩が待ち合わせに遅れてイライラする

　同僚から嫌味を言われてイライラ、乗った電車が遅れてイライラ、買おうと思っていたものがすでに売り切れになっていてイライラ……。イライラの原因は、物事が自分の思った通りにいかないことに不快感を覚えるから。こうあるべきという思いが強い人ほどその傾向は強くなり、不快感に敏感なほどイライラ率は高くなる。

　イラついた気持ちを落ち着かせるには、楽しかったときの感情を思い出したり、イラついた出来事の原因やそのときの自分の気持ちや主張したいことなどを書き出して分析するなどして、**イライラと距離を置いてみる**のがおすすめ。イライラへの対処法がうまくなれば、相手からの嫌味攻撃にもやんわり対応できるようになる。

> イライラして不満や怒りを溜め込んでいると行動も攻撃的になるので、人間関係にも悪影響を及ぼす。イライラに振り回されないように、回避の術を身につけよう。

ミニコラム　イライラにはアンガーマネジメント

　人の怒りのピークは6〜10秒ほどといわれている。そこで、取り入れたいのが「アンガーマネジメント」の方法。イライラすることがあったら、深呼吸をする、その場から離れるなど、環境を変えてみる。怒りをそのまま相手にぶつけないように、いったん頭を冷やし、落ち着いてから話すことだ。

インスタ映え

意　味	インスタグラムに投稿した写真が見栄えすること
類義語	インスタジェニック
使い方	この派手なスイーツはインスタ映えする

インスタとは、インスタグラム（Instagram）の略で、スマートフォンで写真や動画を共有できるSNSアプリサービスである。インスタに投稿した写真は、人の興味を引きつけるものが重要視される。つまり、写真を見て素敵！と思った他人の評価＝「いいね！」の数が多ければ多いほどウケがいい、インスタ映えしている写真となる。

インスタユーザーは女性が多いといわれるが、インスタ投稿に夢中になっている人は**自分を認めてもらいたいという欲求が強く、写真を見てもらうことで自分の価値が高まったと感じる**。ひとつ欲求が満たされれば、より満足感を得るためにインスタ映えするような写真を投稿するわけだ。おいしいスイーツが食べたいから人気のカフェに行くのではなく、見栄えのいい写真を撮るために行くことが目的となっている現状がある。

> 見栄えのいい写真の投稿ばかり気にしていると、物事を心から楽しむことができない。他人の評価を目的とするのではなく、本当に撮りたいものを撮るべき。

上から目線

意　味	自分の立場が相手より上であるかのような態度や話し方をすること
類義語	命令口調／高飛車
使い方	上から目線でものを言う

人に対して露骨に見下した態度をとったり、何かにつけて命令口調だったりと、上から目線の人との付き合いはなかなか難しい。

上から目線の人は、本当は自信がないのに自信があるふりをするプライドが高い人が多い。**自分の考えや行っていることは絶対正しいという思考が根底にあるため、態度や言葉の端々に他者を否定するという特徴が出やすい**。相手の気持ちに考えが及ばず、さらにダメ出しをしたり偉そうな行動をとったりする。この陰には、相手を低く見て優越感を覚えたいという心理が隠されている。グループに上から目線の人がいるとマウンティング（→P164）が常態化するため、そのグループの空気が悪くなりやすい。

> 上から目線の人は、自分がそうだと気がついていないことが多く、それゆえ誰にでも同様のことが起こり得る。他人事とは思わず、普段から自分の行いをチェックしよう。

嘘（うそ）

意　味	人をだますために行う発言
類義語	虚言／偽り／ねつ造／作り話
使い方	「明日は法事で……」と嘘をつく

　嘘をつく理由は人によってさまざまだ。保身や利害的な目的で犯罪につながる嘘もあれば、勘違いや記憶違いでつく悪意のない嘘もある。相手を傷つけないように思いやりから出る嘘も。本心だけを言っていては平穏な人間関係は築けない。悪意のある嘘はともかくも、嘘も方便という言葉があるように、波風立たせぬための嘘もある。**本音と建て前を使い分け、その場の空気を壊さないように友人や同僚との関係を保つために嘘をつくこともある**。たとえ自分の意見に反していても相手に同調する言動や行動をとり、それが結局、嘘をついたことになってしまうということも。嘘をつかないに越したことはないが、人間関係を円滑にするための適度な嘘は、技のひとつと心得て割り切ることも必要だ。

> 保身や利害的と思われる嘘を並べ立てていると、人間性を疑われる。悪意のない嘘も相手を傷つけることがあるので、それなりの気遣いを。

嘘泣き（うそなき）

意　味	泣くふりをすること
類義語	そら泣き／泣きマネ
場　面	物事を丸く収めたいとき／自分の欲求を通したいとき

　嘘泣きは、意図的に涙を流し、自分の不利な状況をなんとかしようと画策するものである。男性は、子どもの頃から「泣くな」「男が泣くなんてみっともない」と言われて育ち、感情を抑えることを強いられる。一方、女性は、「大丈夫？」「何かあったの？」と優しい声をかけられることが多く、泣かないとかえって「かわいげがない」と言われるほど。泣いたら優しい言葉をかけてもらえるし助けてくれるという、こんな女性ならではの体験が、**泣けば自分が有利となり不利な状況から抜け出せるという考えに結びつき、嘘泣きという打算的な行為が生まれる**。
　ただし、悲しんでいる人の気持ちに寄り添おうとして、ついもらい泣きしてしまうのは、多少演技がかっていたとしても思いやりのある嘘泣きと言えるだろう。

> 嘘泣きばかりしていると面倒な人のレッテルを貼られがち。ただし、相手の気持ちに寄り添って泣くことは決して悪いことではない。

うぬぼれ

意　味	自分を過大評価して得意になること
類義語	自己陶酔／ナルシシズム／自信過剰
使い方	「あの人、たいしたことないのにうぬぼれてるよね〜」

　うぬぼれは、実力以上に自分が優れていると思い込んで得意になることを指す。漢字で「自惚れ」と書くように、自分自身が好きで自分の能力をアピールしたがる特性がある。うぬぼれている人は、自分の能力を買いかぶっていて、得意げに仕事をこなすが、はたから見ればイマイチ、「はあ〜!?」と不評を買うことになる。**自分は優れているという思い込みがあるから、努力はしない。成長が止まってしまうので、さらに評価は低下する。**また、上から目線（→P51）の人が多く、自分には能力がある、イコール人より偉いと勘違いし相手を見下す態度をとりがちだ。

　本当に能力＆自信がある人は、うぬぼれることなく謙虚さがあり向上心もある。本当の美人も、「私はかわいいでしょう」アピールをすることはない。

> うぬぼれが強い人は、他人には厳しく自分に甘い。自分は優秀だと思っているのは勘違い。人はとっくに見抜いている。

裏切る（うらぎる）

意　味	人の信頼に背く行為をすること。味方を背いて敵側につくこと
類義語	背信／謀反（むほん）／寝返り／不義
使い方	信頼していた上司に裏切られた

　良好な人間関係は、お互いの信頼があって初めて成り立つ。この人なら信じられると判断し付き合っているから裏切られたときのショックは、大きい。

　裏切りという行為を簡単にできる人に多いのが、**他人に共感を覚えないタイプ**。他人に共感しないから、良心が発達しにくく、他人を傷つけても気に病まない。裏切ることで得られるメリットが、他人に咎（とが）められるデメリットよりも上回っていると考えれば平気で裏切る。人間関係に興味がないため、本人は裏切ったつもりが全くないというケースさえある。ただ、嫉妬が原因の裏切りには、利益優先という言葉はない。彼ができた、仕事で成功したなど、自分がもっていないものを友人が手に入れたことに腹が立ち、陥（おとしい）れてやろうという気持ちの表れが裏切りへと向かわせる。

> 裏切りが人を傷つけていることに気が付かない人もいる。いくら善良な人でも信頼している人でも、周囲の環境や人間関係によっては裏切ることがあると心得よう。

占い
うらな

意味	人の運勢や物事の吉凶を判断・予言すること
類義語	易／占星術
使い方	毎朝、テレビの占いを見るのが日課だ

女性は占いが大好きな人が多い傾向がある。**科学的根拠がなくても自分が納得できれば信じるし、分析されることにも拒否反応を示さないので、占いを素直に受け入れる人が多い。**

人は、自分のことをもっと知りたいと思い、自分に関する情報を集めようとする「自己認知欲求」をもっている。この欲求を満たしてくれるのが占いであり、これまで知らなかった自分の長所などのポジティブな情報を提供してくれたとき、満足度も高くなる。ただし、ハマりすぎてすべてを鵜呑みにするようになってしまうのは危険。自分の意思で判断するのか、占いによって判断するのかはその人次第だが、占い依存にならないよう、注意しよう。

> 占いを信じやすい人は、誰にでも当てはまる話を自分のことだ！と錯覚する傾向が強い。ハマりすぎると、思考停止、受け身になってしまう可能性も。

羨ましい
うらや

意味	他人のすぐれたところを見て同じようになりたいと思うこと
類義語	羨望／羨む／妬ましい
使い方	モデルのようなスタイルで羨ましい

高収入で羨ましい、イケメンの彼がいて羨ましい……。「いいなあ、あの人」と思うことはよくあること。**羨ましいという感情は、憧れ（→P37）に通じる感情でもあり否定されるものではない。**例えば、プロジェクトに抜擢された同僚に対して羨ましいと思い、自分も抜擢されるように頑張ろうと思うのは、羨ましい感情をバネにしたポジティブ思考の結果。一方、「どうして彼女が抜擢されるのか？ 優遇されてるんじゃない？」というような感情が湧いてきたら、羨ましいという感情の中に妬みの炎がチロチロ見えている証。

妬ましさは負の感情となり、自分を責める感情に変換しやすいが、その前に「時には羨ましいと思うこともある」と、自分の気持ちを肯定しつつ、彼女が抜擢されたのは努力をしたから、と相手を認め祝福する気持ちを持てるとよい。

> 羨ましいと思うのは、自分と他人を比較するから。隣の芝生は青く見えがちだが、我が家の芝生を我が家色にするよう努めたほうが賢い。

浮気
うわき

意味	愛情が他に移りやすいこと
類義語	移り気／色好み／密通
使い方	浮気相手からのメールを見つけた

浮気は、恋愛や結婚によりパートナーとして認め合う相手がいるにもかかわらず、他の異性と恋愛関係や性的関係になることを指す。

女性は性的な欲求よりも心理的満足感を求めて浮気に走ることが多いといわれている。会話がない、マンネリ化している、女として見てくれない、セックスレスなど、夫や彼に対して不満やストレスを感じ現状に不満があるときに寂しさや心の隙間を埋めてくれる誰かを求める。一方で性的欲求を満たすために浮気をする女性もいる。

浮気する女性の特徴として、次のようなものが挙げられる。

- **性欲が強い**⇒性欲があるのは男性だけではない。パートナーとセックスレスになると、他に求めることもある。
- **ルーズ**⇒仕事や時間、人間関係などにルーズな人は男性関係もルーズになりがち。
- **飽きっぽい**⇒飽きっぽい人は好奇心旺盛のことが多く、関係がマンネリ化すると他のものに目がいきがちになる。
- **優柔不断**⇒押しに弱く、他の男性からのアプローチを断れず、そのまま流されやすい。

●パートナーとの良好な関係が浮気を防止

さらに、浮気をする女性で多いのが、寂しがり屋タイプ。彼に会いたいのに会えない、そんな状況に耐えられなくなり他の男性に救いを求めてしまう。また、男性からの束縛が煩わしいと思っている女性も、息抜きができる別の男性との時間を持ちやすい。ネットの出会い系サイトでは、話を聞いてくれない夫と違い、熱心に話を聞いて相談に乗ってくれるうえに、「魅力的ですね」などと言われると思わず気持ちが動いて、という人も多いという。同窓会でのなつかしい出会いが、浮気へつながることも。気心が知れているのでハードルが低く、会話も盛り上がる。「今度、連絡ちょうだいよ」という言葉が次回の出会いにつながり、いつの間にか……ということになるのである。秘密をもつことがマンネリ化した夫婦関係に刺激となり、かえって夫に優しくなれるという妻もいる。

パートナーとの関係が良好で幸せを実感している女性は、浮気に走ることは少ないという。つまり、パートナーとのコミュニケーション不足が他の男性に目を向ける原因となっているわけで、きちんとしたコミュニケーションが、浮気防止の方法のひとつ。

女性の浮気は本気へ移行しやすく、新たなパートナーを選ぶことも。浮気を防ぐにはパートナーとコミュニケーションをとり、互いの存在を認め合うこと。

噂好き
うわさず

意　味	その場にいない人のことをあれこれ話すことを好むこと
類義語	ゴシップ好き／消息通
使い方	彼女は噂好きで口が軽い

友だちや同僚の中に、必ずといっていいほど噂好きな人はいる。好奇心が旺盛で情報収集力も高いので、噂話に事欠かない。さらに、自分に自信がない人が多く、自信を保つために、気になったり敵対視したりしている人がいるとその人のことを詮索し、事実や妄想を織り交ぜて、ああだこうだと、みんなが集まった場で話題として提供するのである。

集団の中でメンバー以外の人の悪口を言い、それを共有することで結びつきを強め仲間意識を確認し合っている。時には、その場にいない仲間の陰口をたたくことも。噂を提供した人は提供したことで自分の価値がアップしたと思い、提供されたほうはみんなと同じ秘密を共有したことで仲間意識が育つ。悪意のあるウワサを流す人には注意する。

> 他愛のない噂話に終始するなら情報収集・親交を深める場となるが、悪意のある噂好きには要注意。距離を取り、差し障りのない付き合いを。

エステサロン

意　味	痩身や美肌など、全身の美容を施す店
類義語	ビューティーサロン
使い方	エステサロン通いで見違えた

若くありたい、いつまでもキレイでいたいと思う女性の気持ちに寄り添ってくれるのがエステサロンである。若い頃は、若いというだけで周囲からちやほやされるが、年をとり容姿は衰える。老いは誰にでもやってきて、「おばさん」とひとくくりにされたりする。**シワの少ない今の私を維持したい、かつての美しい私を取り戻して認めてもらいたい。そんな気持ちにエステは応えてくれる。リラックス効果も期待できるだろう。**また結婚式前など、特別な日に向けて通う人もいる。

施術のあと、キレイになった自分を見ればストレスも解消、心も満たされ充実感に浸ることができるのは事実。エステサロンは幸せのひとときを提供してくれる空間である。ただし、キリがなくなるので、今の自分を受け入れる心も必要だろう。

> エステの施術には、リラックス効果もあり、心身の健康維持に役立つといわれる。ただ、老いは誰にでもやってくるもの。老いを受け入れる気持ちのゆとりも大切だ。

SNS
エス　エヌ　エス

意　味	社会的なネットワークを構築できるWeb上のサービス
類義語	ソーシャル・ネットワーキング・サイト
使い方	彼女はSNSのフォロワー数が多いのが自慢だ

　SNSは、「Social Networking Service（ソーシャル・ネットワーキング・サービス）」の略で、人と人や社会的な交流を提供する会員制のオンラインサービスの総称であり、友人同士や出身校などのつながりを通して新たな人間関係を構築できる。「Facebook（フェイスブック）」や「Twitter（ツイッター）」「Instagram（インスタグラム）」などが代表的。

　SNSの普及で人とつながることが簡単となり、旧友との交流が復活したり、趣味を通したりして新たな人脈を築けたという人も多いだろう。SNSは頻繁に連絡を取り合うことができるので相手との距離感がなくなり、いつも一緒にいるような感覚になる。さらに、自分を理解して肯定してくれる人と親しくなりたいという欲求があるため、同じような考え方や興味をもつ人が仲間になりやすいSNSは居心地がいいと感じる。そのため、いつでもどこでもスマホが手放せず、SNSに依存（→P45）する人も多い。

●SNSは認められたい人の便利ツール

　私たちは、本能的に周囲から認められたいという承認欲求をもっている。SNSは、**相手の反応や評価がすぐにわかり、「いいね！」が多ければ多いほど承認欲求を満たすことができる**。嬉しいコメントがあったり、リツイートが多いとさらに気持ちがいい。ひとつの欲求が満たされれば、それ以上の欲求を満たすためにさらに投稿することになる。

　「いいね！」の数を増やすため、素敵な自分を演出してネタづくりをしたり人気スポットに出かけてみたりと、リア充な私を自慢。彼とツーショット、手作り料理をおいしいと言ってくれましたと幸せアピール。自撮り（→P108）写真を頻繁に投稿するのも、私ってかわいいでしょ！認めてね！という欲求のかたまりだ。自分の存在をアピールしたい自己顕示欲の強い人にとって、SNSは欠かせない存在なのだ。

　投稿者はそれで満足でも、見る側は、「あの人に比べて自慢できるものがない」と自分を卑下したり、「なーんか自慢げよね、イラっとする」という思いにとらわれることが往々にしてある。知らない人ならスルーできるコメントも、友人の場合はそうはならない。そこにあるのは、本心とは別の、相手への配慮やら惰性やら、この場を丸く収めたいというネガティブな気遣いだ。**多くの人と交流をもつのは楽しいことだが、反面、ストレスの原因にもなる**。知らない間に疲労の渦に巻き込まれることもあるので注意しよう。

> リア充アップは素敵と思われるより、自慢ととられることも多いので注意しよう。SNSがストレスにならないよう、適度な距離感の付き合いを意識する。

ランチタイム

OL
オー　エル

意　味	オフィス・レディー。女性の会社員
類義語	女性従業員／ワーキング・レディー
場　所	職場／丸の内

オフィスで働く女性をOL（オフィス・レディー）と呼ぶようになったのは、1963年に女性週刊誌が「新しい時代の働く女性」を表す言葉を読者から募集したことに始まる。大正時代から昭和初期は、「職業婦人」と呼ばれ、その後は「BG（ビジネス・ガール）」といわれた時期もあった。女性の仕事は補助的な業務が中心であり、「オフィスの華」と捉えられ、結婚すれば退職することが不文律であった。しかし、現在の職場には一般職と総合職、契約社員、派遣社員、パートなど女性たちの立場もさまざまだ。そのため、以前に比べて働く女性たちの考え方はより多様になっていて、その人間関係も千差万別と言っていいだろう。職場は一日の大半を過ごす場所であるため、同じ職場の女性たちと、うまく関係をつくっていくことが大切だ。

また、「丸の内OL」という言葉のようにブランド化されている向きもあるが、OLという言葉自体を避けるような動きもある。女性であるということをあえて言及することが差別につながるからである。

OLとひとくくりにされがちだが千差万別。人間関係が仕事に悪影響を及ぼすなら、早々に距離をとってうまく付き合い、立ち回ろう。

ミニコラム

集団の中のバッシング

集団の中にいると、自分はみんなと同じ立ち位置にいるかどうかを常にチェックして気を使う。なぜなら、**ひとりだけ突出したり違う立場になったりすれば即、バッシングにあうからだ**。仕事の内容や出来不出来はもちろん、容姿やファッション、学歴や彼の有無まで比較する。少しでも目立つ人がいると、これは黙っていられないとばかりにバッシングが始まる。

職場の重要なポジションに抜擢された場合、祝福してくれる人がいる一方、陰口を言ったり無視したりする人も現れる。抜擢されたことが、「私がもっていないものを彼女が手に入れた」と認識され、あの人が選ばれてどうして私は選ばれないのかという嫉妬心や対抗心の表出へとつながっていく。認められたい欲求や、自分の立ち位置を守りたいという保身の気持ちがこのような行為に走らせる。

自分の優位性を見出すために相手を引きずり降ろそうとする人もいる。たとえ、**自分の地位が上がらなくても、自分が認められ相手が少しでも下にいてくれれば満足する**。自分より恵まれた存在に対する嫉妬心は侮れない。

おしとやか

意味	動作や話し方が落ち着いていて気品があるさま
類義語	奥ゆかしい／楚々とした
使い方	おしとやかなお嬢様

落ち着いていて品がある。そんなおしとやかな女性は、まわりの人から好印象を持たれやすく、男性からの支持率も高い。イメージは、黒髪のロングヘアでナチュラルメイク、清楚なファッションに身を包み、落ち着いた物腰で所作が美しい、慎み深く言葉遣いがていねい。出しゃばらず、相手をたててくれるうえに笑顔が素敵だったりすれば、申し分ない。

見た目がよく、さらに性格もよいとくれば、女性からのウケもいい。たとえ職場の男性に人気があり目立っていても、最初から「あの人は別枠」とされ、いじめの対象とはならない。本人も他の女性と張り合う気もないので、波風は立たない。ただし、**男性ウケねらいのおしとやかさを演出する女性は、女性からの攻撃対象となることもある**。にわかにおしとやかになろうとしてもなかなか難しい。

> 本物のおしとやかな人は上品さや物腰が板についている。女性からのウケもよく、一目置かれる存在になったりする。男性ウケを狙ってしまうと攻撃対象にもなり得る。

ミニコラム／飲み会でだけ会う女友だちとの関係性

たまに開かれるOB会やクラス会だけで、顔を合わせる友だちはいるものだ。特に仲がよいわけではないので普段は連絡を取ることもないが、飲み会の席ともなれば自然と話が始まり、近況報告で盛り上がる。

ただし、話題選びは気をつけたい。何の気なしに、夫の出世や彼氏自慢、子どものお受験のことなど自慢話に聞こえるような話をあれこれ持ち出すと周囲を敵に回すことになる。たまに会うからこそ、細心の注意が必要で、みんなが楽しめる話題を心掛けるべきであり、それが大人のたしなみというものだろう。

おしゃべり

意　味	とりとめのない話。口が軽いこと
類義語	雑談／世間話／無駄話／饒舌（じょうぜつ）／噂好き
場　所	学校／カフェ／ファミレス／女子会

女性はおしゃべりが始まると、話題は尽きることなく何時間も続く。**女性にとっては社会生活の中で他者を理解し、自分の身を守るためのコミュニケーション手段のひとつといえる。**

　女性の脳は、言語を理解する神経細胞が男性に比べて多く、右脳と左脳をフル活動させいろんな情報を自由に組み合わせることを得意としている。つまり、女性は男性よりも言語能力に優れていて、話しながら考えるのも可能なので、次々と言葉が出てくる。そのため、永遠に会話が成立するわけだ。他人の秘密を漏らしたり、自分のことだけしか話さないおしゃべりは問題だが、しゃべることは不安やストレス解消になっているともいわれ、おしゃべりタイムは心のバランスを取り戻す時間でもある。

> 他人の秘密や噂話をあちこちで広めたり、自分のことしか話さない人とのおしゃべりはNG。ストレス解消できたくらいで切り上げる。

お受験（じゅけん）

意　味	私立や国立の幼稚園、小学校などを受験すること
類義語	入学試験
使い方	「あそこのお宅は来年お受験させるのかしら」

お受験とは、私立や国立の幼稚園、小学校などへの進学を目指す受験競争を示す言葉であり、試験を受ける子どもよりも保護者が積極的に関わって、受験準備のための幼児教室などに通わせる様を指すことが多い。

　多くの親は、「少しでもよい環境で子どもの能力を伸ばしてあげたい」と考え、厳しくつらい受験勉強に必死になるが、受験するのはママ友の子どもも同じ。それまで楽しく話ができていた間柄でも腹の探り合いが始まることもある。ママ友の間で格付けし合う「ママ友カースト」（→P167）があるコミュニティでは、お受験そのものが母親の格付けに影響を及ぼす。お受験をする家庭は経済的に恵まれているので上に見られ、**子どもが合格して名門校に通うことはセレブの証**、母親自身のステータスアップとなるのである。

> お受験を目指す家庭は増加の一途だという。格付けなど、ママ友との関係に影響を及ぼす一因になることも。まわりとの会話にも気をつけたい。

おせっかい

意味	迷惑になるような余計な世話を焼くこと
類義語	口出し／手出し／ちょっかい／干渉
使い方	おせっかいおばさんに閉口している

どこにでもいる世話好きな人。もちろん、世話をしてもらってありがたいと思うこともあるが、お世話がすぎると、それは「余計なお世話」となり、おせっかいとなる。相手のことを思ってしているはずなのに、どうしておせっかいとなってしまうのか。

おせっかいをする人の心にあるのは、「あなたのためを思って、あれこれしているのよ」という押し付けがましい心理だ。**相手が本当にしてほしいことがわかっておらず、自分がそうしたいから、自分もそうしてもらうと嬉しいから、という思いが優先し、自分が行っていることは正しくて、相手が嫌がるはずはない**と考えている。おせっかいと迷惑がられないためには、相手が望んでいることか、意思を確認するというステップを忘れないことである。

> 親切とおせっかいは紙一重。親切も度が過ぎるとおせっかいと受け取られるし、自分がしてほしいと思うことでも、相手には余計なお世話となることもある。

おそろい

意味	洋服や持ち物などが他者のものと同じであること
類義語	ペアルック／対
使い方	お姉ちゃんとおそろいの服が欲しい

かつて、同じ洋服や小物を身に着けたペアルックのカップルを冷たく見ることもあったが、最近のペアルックは、おそろいのコーディネート「おそろコーデ」「双子コーデ」と呼ばれ、「かっこいい」「かわいい」など評価は様変わり。服がかぶって気まずい思いをしたのも昔のこと、現在は仲のよい友人同士がする「双子コーデ」が若い女性たちに人気で、ファッションのひとつとして浸透している。

おそろいは、**女性が好む傾向にあり、同じものを身に着けることで一体感や安心感が得られる**。しかし、その裏には、ライバルの侵入を許さないという独占欲や、二人の仲の不安感を払拭したいという心理が隠れていたりもする。二人で一対の特別感が欲しいのだ。

> おそろいは一体感や安心感を生むアイテムとなる。二人の仲をより強固にするものとして使われる。

追っかけ

意　味	芸能人や有名人などの熱狂的なファンが移動先まで追っていくこと
類義語	愛好家／ファン／サポーター／オタク
使い方	母はアイドルの追っかけをしている

　追っかけとは、アイドルや有名人などの対象者を見るために、スケジュールを合わせ対象者が現れる場所にどこまでもついていく行為を指す。楽屋口での入り待ちや出待ち、同じホテルに泊まる、中には対象者が出入りする店に通いつめる人も存在する。追っかけという言葉は、明治時代半ばの人気芸能「娘義太夫」を追いかけて歩いた「追っかけ連」と呼ばれた青年たちに遡る。彼らは、義太夫を寄席から寄席へ追いかけたり、自宅までついていったりと、義太夫ベッタリの生活を送っていたという。

●好意の矢印は対象者へ向かう

　自分の時間や体力、大金を費やして全国どこへでも、時には海外へも飛んでいく。仕事以外の時間は、対象者の情報をチェックしたりライブやイベントで全国を駆け回ることに費やす。「好き」という気持ちはすべてが対象者に向かっているから、実際の恋愛に向けられることが少ない。

　対象者への気持ちは、疑似恋愛と同じ。生身の恋愛は別れがあったりドロドロがあったりするが、アイドルや有名人は裏切らない。カッコいいステージ上の彼（彼女）と向き合う時間は何物にも代えがたい。ステージの彼（彼女）に声掛けをして、応じてくれたときには幸せ感爆発。自分の思いを受け取ってほしいという欲求が満たされた瞬間であり、追っかけ行為を続ける起爆剤となる。対象者がスポーツ選手の場合、好成績を上げれば上げるほど、さらに応援したいという思いが強くなり深みにはまっていくのだ。

●共感を共有して仲間となる

　追っかけをしている者同士、ライブ会場やSNS（→P57）などで知り合い、グループ化していくことが多い。共通の興味や体験を通して共感が生まれたグループは、居心地のよい楽しい場となるものだが、一概にそうとも言い切れない。グループによっては、古参のファンが仕切るファン・カーストがあり、グループ同士の嫉妬やけん制などが生じることもあるからだ。嫉妬やけん制はグループ間だけでなく、グループ内の個人へ向けられることもあり、共感の場は争いの場へ変貌する。追っかけをしている人たちの共通点は、対象者への「好き」という気持ち。その気持ちは誰もが一律でなければならない。誰かが突出した場合、追っかけ同士のつながりは一挙に薄れてしまう。

> 好きなことに夢中になることは悪いことではない。ただし、のめりこみすぎると生活に支障をきたしたり依存症になったりするので要注意。

大人(おとな)っぽい

意味	外見や態度、言い方などが実際よりも大人びて見えること
類義語	おしゃまな／ませた
使い方	「その洋服を着ると大人っぽい」

　大人っぽいとは、実年齢に比べて、外見や態度などが大人に見えることであり、実際の年齢を把握していることを前提に言われる言葉である。**「大人っぽいよね」と言われた場合、基本的には褒め言葉であることが多く、**顔のつくりや落ち着いた雰囲気といった外見や態度が、大人の女性のような魅力を醸し出している人に向けて発せられる。また、内面的にも落ち着いていることなどが挙げられる。大口を開けて笑わない、言葉遣いが丁寧（キレイ）、マナーができているなど。

　ただし、この言葉は実際の大人に対してはまったく通用しない。喜ばれるのはせいぜい20代前半くらいまでの相手にだけだ。

「子どもっぽい」と思われる女性は、自己中だったり感情的だったりとマイナスイメージがあるが、「大人っぽい」女性は落ち着いていて、人に気を遣うことができるなどプラスイメージが強い。

ミニコラム　彼に手を出す女友だちって……

　友だちの彼を奪ってしまったというのはよくきく話。奪う側の女性は、意識的にまた戦略的に略奪するタイプと、いけないと思っていても思いを抑えられなかったという、後ろめたさ感じるタイプとに分かれる。前者は腹黒と称されるタイプだが、後者も奪うことに変わりなく、どちらにしても付き合いたくない女性であることに違いない。

　腹黒女性は、人がもっているものを欲しがるタイプが多い。負けず嫌いで見栄っ張り、友だちの幸せを素直に喜べず嫉妬心を増幅させる。私のほうがかわいいのに、魅力的なのに、と自分だけの思いに支配され、相手の気持ちなど考えない。彼とケンカをしたとき、やたら相談に乗ったり仲介してくれようとする友だちは要注意。いつの間にか彼の心が彼女に向いてしまったということもあり得る。

お隣さん（となり）

意 味	住居が近く同じコミュニティに属する家庭や人
類義語	ご近所さん／隣近所／近隣
使い方	お隣さんとの付き合いに気を遣うことが多い

お隣さんは、頼れる存在であり、やっかいな存在でもある。災害時や地域の情報収集にはなくてはならないものと思うが、「お宅の庭、草が伸びてるわよ」「旦那さん、どちらにお勤め？」などと言われると、正直ウザいなあと思ってしまう。田舎に行けば行くほどご近所チェックは激しくなる傾向がある。古参の人たちの中に若夫婦が引っ越しでもしようものなら、噂話の対象となるのは明らか。

一方、新興住宅地の住民は、同世代で子どもがいる家庭が多く、ママ友との付き合いは必須項目となる。あまりお付き合いしたくないと思っても、知らんぷりはできない。**情報交換をして相手のことを知り、安心したいという心理があるので、井戸端会議（→P47）への参加も、地域活動と割り切ってはどうだろうか。**

> 地域から孤立しないためにも、お隣さんとはつかず離れずの関係を保つことがコツ。割り切ったお付き合いがコミュニティで生き抜くコツとなる。

同中（おなちゅう）

意 味	同じ中学校を卒業している人
類義語	同窓／同期
使い方	彼女たちは同中だから仲がよい

おしゃべりに夢中になって笑い合った仲間でも、卒業後はだんだんと距離を感じていくものだ。特に上京組など地元を離れた者の感じ方は大きい。**地元に残っている人は、仲良しで集まる機会があって結束力も強い。しかし、たまに帰省する程度の上京組は話についていけず疎外感を味わう。**仕事の有無や結婚のこと、夫の職業などプライベートな話が中心となる。あげく、その場にいない友だちの悪口の言い合いになることも。その話に乗れない人は、モヤモヤとした思いが充満して、もう会わなくてもいいかと思うのだ。会ったときに盛り上がるのは思い出話と消息確認が多い。無理をして集まるのなら付き合いをやめてしまうのもひとつの方法。ただし、同じ中学出身だからできる青春時代の思い出話に花を咲かせるのは楽しみのひとつになってもいる。

> 同じ中学であっても、そのまま地元に残っている人と上京して地元を離れた人とでは付き合い方が変わるが、たまには懐かしい話に花を咲かせる関係もいい。

お盆(ぼん)

意味	死者の霊を迎えて供養する行事
類義語	盂蘭盆(うらぼん)／精霊会(しょうりょうえ)
場面	旧のお盆／新のお盆／夏休み

お盆といえば、お墓参りをしてゆったりした気持ちでご先祖様を迎える行事のはずだが、実家への帰省や親戚とのお付き合い、時にはクラス会や同窓会が開かれることもあり、負担が増える期間でもある。

夫の実家への帰省は特に気疲れするもの。お盆中は休暇という概念が当てはまらないこともある。**姑との関係が良好でなければ息子の嫁への要求は厳しくなり、嫁としての気遣いに苦労する。**家事全般をこなさなければならない場合は、ゆっくり座っている暇もない。そこに小姑が加わればさらに気配りが求められ、疲労は倍増。たまにしか会わない親戚の話にはついていけないが、当たり障りのない受け答えを身につけ、よき嫁を演じる術が求められる。

> 夫の実家に行くのは気が重くても、行かなければ角が立つ。その間は割り切って、話を合わせたり気配りをするなど、よき嫁を演じることが求められる。

思いやり(おも)

意味	相手の立場になって親身に考えること。同情すること
類義語	気遣いをする／心遣い／心を砕く／気配り
使い方	「相手に思いやりをもちなさい」と母に言われた

他人の気持ちや身上を気遣う気持ちを指す。日本人の「和」を尊ぶ文化の根底には、相手の表情や態度から気持ちを推測して気遣いする思いやりの気持ちがあるが、社会的な秩序を保つためにも、円滑な人間関係を築くためにも必要とされ大切にされてきた。時には自分を犠牲にしてでも相手の利益を優先させなければならないと考える人もいる。

人と争わないためには、思いやりの心が大切だ。自分のことだけを考えず、相手の立場に立って物事を考える。一方で、思いやりの気持ちがない人は、時間にルーズだったり、一緒に出かけても気遣うことなく、好き勝手に行動することなどがある。そのような友だちがいたら、付き合い方を考えるべきだろう。

> 思いやりの心をもっていれば、人との争いは起きないだろう。自分のことしか考えていない友だちとは距離を置いたほうがよいことも。

お詫びの電話

意　味	他者に迷惑をかけたことに対し謝ること
類義語	謝意／陳謝／謝罪
使い方	子どものトラブルでお詫びの電話をかける

　仲のよい友だちでも時にはケンカをする。ちょっとした言葉の行き違いでもその後の対処次第で絶交状態に陥ることもあるので、時間をおかずにすぐに謝るのがベスト。それも直接会って謝ったほうがその後の関係もスムーズに運ぶ。時間が経てば経つほど謝りにくくなり、ケンカの内容によっては泥沼化するということも起こり得る。どうしても会えない、会いづらいときは電話を利用しよう。顔を合わせていないほうが謝りやすいし、声を聞きながら話ができれば相手の気持ちを推し量ることもでき、それに合わせて謝罪の言葉を選ぶこともできる。

　女性同士、意地の張り合いを始めると解決に至りにくくなる。そんなときは**相手が悪いと思っても自分からお詫びの言葉を伝えたほうが人間として成長できる**。

> お詫びの言葉は、素直に真摯な気持ちで言わないと相手に伝わらない。たとえ、親しい友人であっても心からの「ごめんなさい」は最低限の礼儀。

女心と秋の空

意　味	女性の気持ちは秋の空模様のように変わりやすい
類義語	女の心は猫の目／測り難きは人心
使い方	「あんなに夢中だったのにもう別れた？　まさに女心と秋の空だね」

　女心と秋の空とは、変わりやすい秋の空のように、女性の気持ちは変わりやすいという例え。この言葉は本来「男心と秋の空」であり、男性の女性に対する愛情が変わりやすいという意味の諺だった。

　女性は、男性よりも共感する能力や言語能力に優れている傾向にあり、そのため細やかな感情の機微に気づくことができる。この特徴はさまざまな状況で有用であるが、一方で**相手が隠せているつもりでいる嘘や不愉快な感情などにも細かく気づき、余計に傷ついてしまうという結果**ももたらす。

　女性からすれば傷ついて当然なわけだが、男性自身でも気づいていないような感情を女性が察知して傷ついたりするものだから、男性からすれば理解不能だ。

> 女性であれば誰しもが気づくであろうことにも男性は気づかなかったりする。時にはよくわかるように丁寧な説明が必要になることも。

女らしさ

意味	性質や姿などがいかにも女性であると思える様子
類義語	女性的な／フェミニン／女っぽい
使い方	自然な女らしさを身につける

「女らしくしなさい」「女らしくないな」などと言われ、「女らしさって何?」と思った経験はないだろうか。女と男の違いは「性(セックス)」で表されるとともに、「ジェンダー」という性別においては、社会的に要求される役割などで表される。一般的に言われる女らしさは、後者の考えに基づいており、日本のような男性優位の社会で役割を要求されるなど、その女らしさは、国や文化、時代によっても変化する。

つまり、おしとやかで控えめ、優しくて気配りができる、家事や育児が得意などという女らしい人のイメージは、**女だからこうあるべきだという偏った理想の姿が求められているに過ぎない**。幼い頃から、「女の子だからおとなしくしなさい」「女子は料理ができなきゃ」などと言われることで周囲から求められる役割を意識するようになり、言葉遣いや考え方まで社会が求める「女」を身につけて振る舞うようになっていく。

例えば、ある女の子の家庭で、家事を担うのが母親だけだったら、家事をするのは男性ではなく女性だとインプットされ、家事＝女性と認識するようになるのである。人は2～3歳の頃から自分の性別を認識するようになり、周囲の環境から性別の役割を学習していくという。男子幼稚園児が「女のくせに生意気なんだよ～」などと言っていたら、女性は控えめで口ごたえしないものというイメージがすでに男子児童の中に根づいているということだ。

● **職場で求められる女らしい女性**

以前は、職場で女らしさを求められることもあった。「女性がお茶を入れてくれたら嬉しい」「ニッコリしてくれると心が和む」「気配りできる女性は素敵」等々。もしかして「気配りができる」のはその女性の個性かもしれないのに、女らしさのひとつと把握する。それは、女性社員も同様で、子どもの頃から刷り込まれてきた「気配りできるのが女」というスペックが頭に浮かび、**その人の個性というより女らしさと捉え、自らも気配りができる女を演じることすらある。**

現在では女性の管理職も増えつつあり、仕事内容によっては女性も男性も変わらないものが求められるなど、変化は感じられる。また、気配りの他に上手にコミュニケーションがとれることなども女性らしさのひとつとして考えられている傾向もある。

これまで「女性らしさ」というと男性が求める理想像だった。現在では女性が考える女性らしさ、というものにも目を向け、より多様な価値観が生まれている。

外見(がいけん)

意味	外から見た様子
類義語	見た目／見かけ／見てくれ
使い方	第一印象をよくするために外見に気を配る

「外見より中身」「人を外見で判断するな」といわれるが、実のところ人は外見で判断している。初めて会った人の内面を判断する材料は外見のみ。まだ話もしてないのだから性格や能力がわからないのは当然のこと。外見だけが情報源であり、会ったときの印象でその人のよし悪しを把握するのだ。

このときの印象はあとまで影響を及ぼす。これを**初頭効果**というが、初めに好印象を持たれると、あの人はいい人、印象がよくないとイマイチだなと思われる。それが、その人のイメージとして固定化され、好印象の人が何か失敗をしても仕方がないと思われるが、イマイチだった人はやっぱりダメだという評価が下されることになる。

●美人は内面の評価も高い

多くの人は、見た目のいい人が好きである。美人やイケメンなど容姿が魅力的な人には、「素敵!」という言葉が自然に出てくる。美人やイケメンは好印象を持たれやすいので、**外見が美しいと内面も素晴らしいと判断されやすい**。男性が美人の恋人を連れていると、その男性自身の好感度が上がり評価も高くなるといわれている。美人を恋人にできたのだから彼は優秀な男だというわけだ。一方、たとえイケメンでなくても、旧家出身で資産家というタグがついた瞬間、女性からの熱い視線を独り占めにするのは、外見に資産家という好印象がプラスされたことによる。

●他の人より外見をよくしたいと思う

女性は外見へのコンプレックスが強く、人から見られることに敏感。これには、外見を重視する男性の目を意識しているということもあるが、それ以上に気にしているのが同性からの目線。いかに他の女性より優位に立つか、自分の価値がどの位置にあるのかが常に気になってしまう。

相手が友だちでもさりげなく、無意識のうちにセンサーを働かせ頭のてっぺんから足の先までチェックを怠らない。会った瞬間、相手の身に着けているものを品定めして格付けし、自分よりも勝っているところがあると胸の中で毒づき、自分が劣っていると悔しさにハッとしながらも、相手には「そのネックレス素敵ね」と言ってニッコリする。会話の場が、外見力のぶつかり合いの場と化すと気が気でない。

> 身だしなみを整えて清潔感のある服装をし、笑顔でハキハキと受け答えすると好印象を与える。そのため、外見で自分の価値を上げようとする人もいる。

介護(かいご)

意味	病人や老人などの生活や心身の援助をしたり看護すること
類義語	介助／介添え／ケア
場所	家庭／介護施設／病院

親の介護は、家庭内紛争の火種になることが多い。誰が介護を担うのか、介護費用を負担するのは誰か。問題は山積みである。

姉妹間で介護担当に当てられやすいのが独身の娘。ひとりだから気楽でしょ、というわけだが、仕事もしなければならないし、離職でもしようものなら再就職は難しい。他の姉妹は手伝ってくれるわけでもなく、親に対してイライラが募ってつらく当たり自己嫌悪の連続。専業主婦や嫁の立場も同様だ。また、実の親が認知症になったときの娘のショックはとても大きい。**いつの間にか心の余裕もなくなり、先の見えない介護ストレスに押しつぶされる人もいるのが現実だ。**ひとりで抱え込むことなく、自治体のサービスを利用するなど、方法を考える必要がある。

> 家事や介護は女性が担うものという社会通念が生き続ける家庭生活。介護方法だけでなく、介護によるストレスを和らげるための方法も考える必要がある。

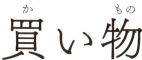

買い物(かいもの)

意味	物を買うこと
類義語	ショッピング／購入
使い方	明日は買い物に行って気晴らしをしよう

女性の中には「買い物が趣味」と言い切る人も多くいる。欲しいものがあるとき、男性は商品を比較検討してこれだと思うものを選ぶ。時短、スペック重視で効率的な買い物になりがちだ。女性は、欲しいと思った瞬間から自分に似合うかしらと想像したり、売り場の店員とのやりとり、買ったものをSNSにアップするなど、買い物に伴うあらゆるプロセスを楽しむ。あちこちの売り場を見て歩き、店員と会話を交わしながら自分の感性に触れるものを探すのだ。

女性は物を買うという行為そのものに楽しさを見出しているので当然のこと。だから、店の雰囲気や店員の態度が悪いと、買い物の楽しさが半減したように感じ、たとえ欲しいものがそこにあっても買わずに帰ってしまうこともある。

> 女性のストレスのはけ口としてハマりやすいのが買い物だ。買い物をした瞬間の快感がクセになると買い物依存(→P45)に向かうことがあるので要注意。

陰口(かげぐち)

意味	本人のいないところでその人の悪口を言うこと
類義語	中傷／悪口／誹謗
使い方	先輩が毎日のように陰口をたたくので迷惑だ

陰口はその場にいない人の悪口を言うことで、同調する人が増えれば増えるほど盛り上がり、あることないこと言いたい放題となる。日常会話の一部なので、悪口を言っている自覚がない人たちもいて質(たち)が悪い。

もっと陰湿なのが、仲良くしている友だちの悪口をその人がいない場で平然と言うこと。その根っこにあるのは、相手への嫉妬である。**自分と同じだと思っていた友だちが何かで抜きん出た場合、自分のコンプレックスが刺激され怒りに変わる。** 友だちという近い関係なので、なおのこと面白くない。友だちに彼ができたというだけで態度が一変し、悪口を言い出すのはこのタイプである。

> 陰口をたたく人はどこにでも存在する。満たされない自分の思いを他者にぶつけて鬱憤(うっぷん)を晴らそうとしているだけなので、標的にされても相手にしないことだ。深刻に捉えて目くじらを立てると、かえって火に油を注ぐことに。

加工アプリ(かこう)

意味	スマホなどで撮影した写真に手を加えられるアプリケーション
類義語	写真加工アプリケーション
使い方	加工アプリで別人になる

インスタグラムやフェイスブックで知り合いの写真をチェックするのは楽しいが、「えっ?」と思う投稿もたくさんあってイラっとするのも事実である。

なかでも、加工アプリで盛った自撮り(→P108)写真は、肌がキレイになったり、目が大きくなったりするなど、別人のように顔が変わるものもある。普通の写真では満足できず、一度撮った写真を加工アプリで処理してから友だちに送ったり、SNSにアップしたりする。友だちがスマホで写真を撮ろうとするとアプリを使わないとイヤだと言い出したら、だいぶ加工アプリに依存しているということだろう。

多少ならいいが、**違和感ありすぎの写真が、マイナスイメージになってしまっては元も子もない。**

> 加工しすぎの写真はマイナス印象を与える場合も。加工した自分でしか満足できなくなったら、加工アプリ依存を疑おう。

がさつ

意味	細かいところに気が回らない、雑で荒っぽい様子
類義語	手荒い／粗野
使い方	がさつな言い方をしないように注意された

言葉も行動も雑で落ち着きがなく、細かいところに気配りができない。そんな人をがさつな人と呼ぶ。特に女性に対して厳しい評価が下される。がさつな人は女らしくない（→P67）、女子力（→P115）が低いなど。この評価の裏には、女だから気配りをして当然、細やかな動作で接するのが女という**女性への勝手な要求や偏見**が見え隠れする。とはいえ、がさつな人の行動は周囲の空気を重くすることが多い。細かいことに気が回らないのでその場の空気が読めない。当然、周囲の人への気配りができないので集団の中で浮いてしまうが、本人は気がつかない。「私って細かいこと、気にしないから」とあくまでもマイペースだ。よくいえば、**気取りがなくおおらかな人ともいえるが、実際の評価は迷惑な人となる。**

> ドアを足で閉めたり、ゴミを置きっぱなしにしたりする人は、がさつな女に軸足を置きつつある。「面倒くさい」という思いが、がさつに結びつく大きな要素だ。

カジュアル

意味	堅苦しくなく、くつろいでいる様子
類義語	気楽／ラフ／気取らない／心地よい
使い方	彼女はカジュアルなスタイルがよく似合う

クールビズなどといわれたあたりから、ラフなオフィスファッションを取り入れる会社が多くなった。求人広告にも「オフィスカジュアルで働けます」などと書いてある企業も増えたが、オフィスカジュアルって何？と疑問を持つ人も多いらしい。効率よく、働きやすい服装にしようと導入したカジュアル化だが、そこには**仕事をするうえで最低限のルールを保ったファッション**という、これまで受け継がれてきた職場の倫理観が含まれていることを忘れてはならない。

自分好みのファッションも端から見ればNGだということもある。会社によって基準もさまざま。「もう少し控えめな服装に」と言われたら、その忠告を素直に受け入れて職場の雰囲気に合わせることが社会人としてのたしなみと心得よう。

> オフィスカジュアルは、「オフィスで着るカジュアル」ではない。職場では、相手に不快感を与えない清潔感や謙虚さを感じさせる服装が求められる。

価値観
<small>かちかん</small>

意 味	価値を判断するとき基準となる考え
類義語	価値基準／価値判断
使い方	価値観が合う友だちといるとラク

私たちが物事を決めたり選ぶときに基準となる価値観は、人それぞれ。生きてきた環境も時間も違うのだから違いがあって当然だ。違うからこそ、人との付き合いは面白いし、新しい商品や芸術も生まれる。

しかし、自分の価値観だけが正解とばかりに、他人の価値観を否定し押しつけてくる人がいる。高い確率で困るのが、「あなたのため」という押しつけ。あなたのためを思って言ってるんだから私の言う通りにしなさいよ、というパターン。間接的にこちらの**価値観を否定していることになるのだが、相手は自分が正しいとしか思っていない**。職場でお局様に言われると受け入れざるを得ないことも多い。同調しなければ「あなたのため」がいつまでも続き、攻撃的な押しつけが始まることすらある。

> 価値観は違って当たり前。相手の価値観を否定せず、自分の価値観にこだわりすぎず、さまざまな価値観を受け入れるほうが楽しく有意義に過ごせる。

かっこいい

意 味	様子などの見た目がいいこと／憧れる生き方
類義語	見た目がよい／スタイリッシュな／端整な／洗練された／クール
使い方	彼女はいつも潔くてかっこいい

女性に支持される「かっこいい女」は、外見、内面ともに思わず素敵！と言いたくなる要素を兼ね備えている。

見た目のかっこよさは、やはりファッションセンスがいいことだろう。自分に合うファッションを知っていてさりげなく着こなしている。このタイプの女性は、適度に体を鍛えているので姿勢がよく立ち姿も美しい。仕事がデキるという条件も難なくクリア。**自分の考えをきちんともっていて芯の強さがあり、イヤなことにはハッキリNOと言える**。努力も怠らず不平不満も言わない。だから、横並び好きで、少しでも抜きん出る仲間には手厳しい女性たちにも、「かっこいいわよね」と認められる。さらに、サバサバしている（→P102）などの内面もかっこよさにつながる。

> かっこいいといわれる女性は、そんなにいない。少数派ゆえ、存在が認められると憧れの対象となり、支持率も上がる。

我慢(がまん)

意味	耐え忍ぶこと
類義語	辛抱／忍耐
使い方	ヤセたいから、ケーキを食べるのは我慢しよう

職場で、学校で、PTAで、「疲れた」と思う原因の多くは人間関係だという。その人間関係に問題が起きたとき、ついつい選んでしまう選択肢が「我慢」であり、自分さえ耐えていれば丸く収まるはずという受け身の考え方だ。

人は我慢し続けると、ストレスが溜まり心の余裕を失って怒りに支配されるようになる。すると、ストレス解消のためにその怒りを自分より弱い立場の人に向け、自分が味わっている我慢と同じようなことを相手にも強いるようになる人も出てくる。そして、周囲の雰囲気が悪くなりトラブルが増加、我慢を強いられる人が増えるという負のスパイラル状態に陥る。人間関係のトラブルは簡単にはなくならないが、ネガティブな感情をまき散らす前に、我慢を強いられる環境から抜け出すことを優先させよう。

> 我慢のレベルを下げたいなら、相手に期待しすぎないこと。自分の気持ちを客観視してみたり、人間関係を壊さない程度に自分の気持ちを伝えることも必要だ。

カラオケ

意味	伴奏だけの音楽に合わせて歌うこと、またそのための装置
類義語	カラオケボックス／ひとりカラオケ
場面	女子会／二次会／忘年会

歌を歌うと、脳が活性化してリラックス効果が得られる。腹式呼吸で歌えば有酸素運動になってダイエット効果も期待できるという。そう、歌うことは体にいいこと。だから、カラオケに行って大声で歌えばストレス解消に役立つ。だが、カラオケ嫌いの人にとってはストレス倍増の場となってしまう。

歌いたい人は、カラオケに行って歌わない人の気持ちがわからない。歌わないなら来なければいいのに、ノリが悪いイヤな人、などと思ってしまう。カラオケ嫌いの人にも、歌が下手だから、誘いを断れなかったから、などの言い分がある。結果、双方とも今日はつまらなかったと思うのだが、そう思ったとしてもカラオケに責任はない。また、世代によっては歌う曲が異なるため、別世代の人とのカラオケでは気を遣うこともある。

> 歌いたくないのにどうしても歌わなければならないときは、他の人より先に歌うとよい。執拗な「どうして歌わないの?」攻撃に合わなくなるのであとがラク。

彼氏自慢（かれしじまん）

意味	付き合っている彼を知り合いに見せびらかすこと
類義語	恋人自慢／ボーイフレンド自慢
使い方	SNSで彼氏自慢をする

友だちとはいえ、彼氏の話を延々と聞かされるのはつらい。それも自慢げに話されると迷惑という人も多いのではないだろうか。

本人は、幸せいっぱいの私の気持ちをおすそ分けと思っているだけかもしれないが、「彼ってイケメン」「この指輪、彼からもらったの」「○○に勤めてるの」と彼の能力や職業などをひけらかし、いかに素晴らしい人かを得意げに語るのは、**「そんな彼と付き合っている私はイイ女、すごいでしょ」という上から目線（→P51）の自己顕示欲の表れ**だ。そうなると、聞いているほうはちょっとしたノロケも自慢話に聞こえてしまい、ますますうんざりしてしまう。彼氏自慢がすぎるのも困ったものだが、聞いている人がウザいと思うのは、自慢をしている人への嫉妬が隠れているということも覚えておこう。

> 自慢は、するほうは口に出せば満足するが、聞いているほうは少々つらい。特に、彼氏自慢は女の嫉妬心を駆り立てる刺激剤となる。幸せ自慢は程度をわきまえて。

彼氏の女友だち（かれしのおんなとも）

意味	付き合っている彼の女性の友人
類義語	恋人の女友だち／彼の幼なじみ
使い方	彼氏の女友だちが邪魔

幼なじみや学生時代の友だちはありがたい存在だが、彼氏の女友だちに対しては微妙な感情をもってしまうという声もある。

一緒に食事をしているとき、女友だちからメールがきて返信に夢中になっている彼を見ると、燃え上がるのは嫉妬心。彼がただの友だちだと言ってもいら立ちを覚え、彼のことを知りたいと思うほど、自分の知らない彼を知っている女友だちが羨ましくなる。**嫉妬心は劣等感の裏返しであり、彼への執着心を表しているといえよう**。嫉妬や束縛ばかりでは、彼との間に隙間風が吹く。自分は彼にとって特別な存在だとプライドを持ち、彼を信じることが嫉妬対策には有効だ。ただ、女友だちの前で過剰な彼女アピールは、相手から敵対心を持たれ、攻撃モードに入る機会を与えることになりかねない。

> 女友だちのことは見ない、聞かない、気にしないようにするのも対策のひとつ。女友だちと親しくなって味方につけるのもおすすめだ。

かわいい

意味	愛らしいこと
類義語	可憐／愛らしい／プリティ
使い方	あの子の声、かわいいよね

友だちの動作を見てかわいい、思った値段より安いとかわいい、食べ物を見てもかわいい……。あらゆるものが「かわいい」の対象となる。自分の琴線に触れたものはすべてかわいいという言葉で表現される。

ただ、本当はそう思っていなくてもお愛想で言うこともあるので判断が難しい。お互いの洋服や持ち物を見て、「あっ、それかわいい！」と言い合っていても実は単なる社交辞令。「先輩、かわいいですね〜」と言われた瞬間、バカにされたように思うのはあながち外れていない場合もある。「かわいい」は、**共感し合って安心感を得たり、その場を盛り上げる手段だったり、時には相手をけん制する気持ちを隠す言葉として使ったり**と明確なルールはない。

> 「かわいい」はコミュニケーションを円滑にするためのツール。かわいいと言っておけば、なんとなく人間関係が成り立つという暗黙の了解がある。

かわいげ

意味	かわいいところがあること
類義語	愛嬌／キュート／愛想
使い方	「かわいげがない」と言われて、なんとなく落ち込んだ

美人でも、仕事ができても、自分の意見を持ち理路整然と話ができても、甘え下手だったり笑顔が少なかったりすると、扱いにくい女と言われ敬遠されたりする。素直に謝罪ができない、ありがとうと言えない、自己主張ばかりで相手の意見を聞かないなどが加わると、かわいげがないと認識され煙たがられる存在となる。

逆に、**甘え上手な人や気遣いのできる人、素直に話を聞く人などはかわいげがあると言われ**、好ましいキャラとして愛される。これは男性も同様で女性に限ったことではないものの、女性は「かわいげがないヤツ」と言われると、男にとって都合のいい女を求められているように受け止めることもある。だが、かわいげがあることは人としての魅力と考えることもできるだろう。

> 媚びている人は、相手に気に入られようとする打算が見えるが、かわいげがある人にはそれがない。

感情的
かんじょうてき

意味	理性を失って感情の変化を行動に表すこと
類義語	情動／感情を左右される
使い方	感情的なお客様の対応に四苦八苦した

感情には「嬉しい」や「楽しい」といったポジティブな感情や、「怒り」や「悲しみ」といったネガティブな感情など、様々なものがある。しかし、「感情的」という表現が使われるとき、その「感情」とはネガティブなものを指す。

どういったときに、感情的になるか。例えば、「普段はおとなしいのに、ときおり感情的になる」という人は、常に自分の感情を抑え、我慢（→P73）をしているタイプ。我慢が積み重なると抑えきれなくなり、感情が爆発することになる。こういうタイプの人は、感情を抑え込もうとするのではなく、逆に普段から我慢する機会を減らして感情をこまめに解消していくことで感情が爆発するのを防ぐことができる。自己主張の練習をするとよい。周囲にこのタイプの人がいるという場合は、その人に負担や我慢を強いていないか気をつけることで、ある程度は問題を未然に防止できる。

一方、普段から頻繁にちょっとしたことで感情的になる人もいて、他人からすると好き勝手にふるまっているように見える。このタイプの人も鬱積した感情を抱えている。日常生活か、過去の経験か、何かに問題を抱えていて、その問題がその人には抱えきれないくらい大きいため、ちょっとしたことで感情を爆発させる。しかし、例えばいくら職場で感情的になったところで家庭の問題は何も解決しない。もとの問題は別のところにあるから他のところで八つ当たりしても感情はほとんど解消されない。それどころか、距離を置かれたり反撃されたりして、余計にストレスを抱え込むことになったりする。

●女性は感情的だから上司に向かない？

女性は上司になって欲しくない、なぜなら感情的だから——。ヒステリックで気分にムラがあって細かいから女性上司は面倒臭いという人がいる。

実際、女性は細かいところに気がつくので、部下に対しても同じようなことを要求しがちだろう。また、職場でのステップアップの過程で、男性よりもレベルの高い結果を出さなければ評価をしてもらえないという環境で闘ってきた結果、周囲からのプレッシャーも強い。そのため、評価される仕事をしなければと、より高度な結果を出すことに思いが向く。当然、仕事仲間への期待値が高くなり、自分が理想とする結果が得られないと感情的になることもある。だが、それは男性上司も同じである。

> 相手が感情的になっているときは、こちらは感情的にならない。相手の話を聞きながら共感したり、反対に距離をとったり、同じ感情に振り回されない。

076

気が利く

意　味	細かいところに注意が行き届き気配りができること
類義語	心配りができる／配慮ができる
使い方	気が利く人はみんなから慕われる

　相手が何をしてほしいか、どんなことで困っているかを真っ先に汲み取り、押しつけがましくなく、さりげなく行動できる人が「気が利く」といわれる。

　気が利く人は、まわりから好かれやすく評価も高い。会社においても上司から気に入られ、部下からも慕われて職場には欠かせない人材と認められる。男性にもモテるし、結婚後も義父母のウケもよく、ママ友ともうまくやっていける。**気が利かない女性に比べて人生の荒波を容易にかわして生きていける確率が高くなるのである**。こう書くと、気が利くほうが絶対お得、人生を楽しく生きていけると思われそうだが、そう簡単なことではないのが社会というものだ。

●気が利く女性は同性から疎まれる

　気が利く女性に対して、周囲の女性たちは冷たい視線を投げかけることもある。誰よりも先に電話を取り、書類探しを頼まれたら自分の仕事を後回しにしても協力するなど、気配り上手の女性。やっていることに気負いもないし、上司のウケもいい。でもそれが、周囲の女性陣からはなんとなく疎まれる原因となっている。気が利くいい子だけど、まるで私たちが、気が利かない、仕事ができないみたいに思われたら迷惑、というわけだ。

　会社という場は、仕事とともに気働きのできる人が求められるし、そうでなければならないのだが、仕事への貢献とは別に女性同士、互いの気配りや共感も求められる。一方で、気が利きすぎても同レベルを保つことを暗に強いているように感じて、気が利く彼女は、横のつながりに配慮しない、出る杭だと思われやすい。これは、会社だけでなく学校やサークル活動でも同じことが起きる。

　多くの場面では気配りすることを求められるし、気が利くほうがイイ女といわれやすい。**気が利く女性になろうと頑張りすぎると、お節介といわれ、疎まれることがある**。相手が必要としないのに助けた気になっていたり、見返りを求めているのが透けて見えたりするとアウト。気が利く、と押しつけがましいは違う。

> 気が利く人は評価が高いが、押しつけがましくならないよう、注意が必要。見返りを求めないことも必須。

帰省(きせい)

意味	正月やお盆などに郷里に帰ること
類義語	里帰り／帰郷
場所	実家／田舎

　独身者が帰省時に、正直イヤだなあと思うのが、親や親戚から「恋人は？　結婚しないの？」と言われることだという。帰るたびに同じことを言われ、うっとうしさから実家へ向かう足が重くなる。年齢が上がるほどその言葉が重くのしかかる。たまに友だちに会うと、みんなが既婚者、子持ち。かけられる言葉は、「なんで結婚しないの？ 望みが高いんじゃない？」「独身だと自由でいいわね。羨ましい〜」と上から目線（→P51）のオンパレード。

　親からすれば、子どもに幸せになってほしいだけなのかもしれない。しかし、その裏にあるのは、結婚して一人前という古い観念や、いつまでもひとりでいるのは世間体が悪い、早く孫の顔が見たいからなんとかしなさいよという、娘の幸せより自分の価値観を押しつけようとする勝手な思いと世間体だ。親子仲がよくないと、関係はますます悪化する。たまには親に顔を見せないとなあ、友だちにも会ってみようかなと思いつつ、言われることを思い浮かべ、帰省する機会がどんどん減っていくことになる。

●嫁ハラに見舞われる夫の実家

　同じように気が重いのが、夫の実家への帰省。駅のホームで両親が笑顔で孫を抱きしめるというのは、正月やお盆の時期、テレビ画面に必ず映る一場面だが、その片隅で、ああ、しんどいと胸の内でつぶやいている妻が全国に生息しているのが実情だ。

　しんどい原因は姑との関係。現代は関係性が変わりつつもあるが、女同士の関係だから要求が厳しくなるのは目に見えている。嫁もそのあたりはわかっているから覚悟して訪れているが、いくら気を遣って家事をしてもグチグチ言われ、思い切り嫌味を言われたときには、もう二度と来ないから、と叫びたくなるようなこともある。

　子どもがいない場合は、それに加え、「孫の顔が早く見たい」攻撃に怒り沸騰。質(たち)が悪いのは、姑に悪気がない。嫌味を言っている認識がない。小姑の気遣いのないふるまいにカチンとし、親戚一同の接待であたふたし、自分の思い通りにならないとわかっていても、うつうつとしたぐったり疲れる帰省を毎回のように繰り返している。

> 親に顔を見せることも大切だが、休暇は休むためにあるものと割り切り、自分たちの思いを優先することも時には必要だろう。帰省するときはボランティアだと割り切れば、気持ちが軽くなることもある。

ギャル

意味	女子中高生
類義語	女子／ガール／JK／JC
使い方	高校生の頃はギャルメイクだった

ギャルといえば、1990年代、金髪やメッシュのヘアスタイルや塗りに塗ったド派手メイクが話題になり、見た目が美しくないというイメージが強かったが、今どきのギャルは茶髪でも黒髪でもOK。メイクもごてごて飾らずナチュラル系が多く、ファッションもカジュアル系、ガーリー系、セクシー系など、自分の好きなジャンルを選んで楽しんでいる。**ギャルのもつ意味は20年で大きく変わった。清潔感のあるきれいなギャルが今どきのギャルなのだ。**

彼女たちはTwitterやInstagramなどのSNS（→P57）で常につながっており、さらにLINEでの交流も欠かさない。顔を合わせていなくてもずっと一緒、ということだ。自分たちだけで伝わる言葉を使い、独自の文化の中で過ごす。

> ギャルという呼び名からイメージするものは大きく変わったが、常に友だちとつながっていたいという考えや独自の世界を作り上げることなどは変わっていない。

共感（きょうかん）

意味	他人の考えや感情に対して、自分も同じように感じること
類義語	同感／共鳴／同情
使い方	悩みを相談したら共感してくれたので気持ちも落ち着いた

共感とは、相手が感じたり考えたりしていることを自分のことのように受け止め、喜んだり悲しんだりすることである。**女性は共感性が強く、周囲の人に共感を求める傾向がある。**会話に、「わかる〜、そうだよね〜」などのやり取りが多いのもその表れだ。話をして共感してもらうことで安心感を得たり、親密度も増す。だから、悩みがあるときも一緒に考えたり悩んでくれることを求める。解決策を提案したいなら、その前に、「大変だったね、わかるよ」などと相手の気持ちに寄り添うことを心掛けよう。共感力のある人は信頼を得やすい。

ただ、共感しすぎると相手の感情に飲み込まれて疲れてしまうことがあるので、他者と向き合うときは自分を見失わないようにすることが大切だ。

> 共感性が高い女性は、他者の感情や気持ちを理解できる人が多く、共感力があると周囲からの信頼も得やすい。

興味があるふり

意味	ある対象に対して特別に関心をもったように見せかけること
類義語	興味があるように装う／関心があるように偽装する
使い方	その映画に興味があるふりをした

　興味がないのに興味があるふりをしなければならないことがあるが、**それは社会で生きていくための処世術のひとつだ**。合コンに行きたくないのに、「どんな人が来るの〜？」と興味をもったふりをしたり、友人の彼氏自慢(→P74)には「またかよ」と思いつつ、「それで、どうしたの？」と興味がある風を装う。「あるふり」をするのは結構しんどいのだが、その場を丸く収めないと、後から多方面に悪影響が出るかも、と諦めるしかない。特に女性同士の会話に否定の言葉を入れようものなら友情関係に亀裂が入ることもあるので、その場をしのぐための「あるふり」はマストアイテムだと割り切ろう。人に対して興味をもつことは大事なことだ。「あるふり」をし続けているとしんどい一方で、本当に興味をもてるものと出合うチャンスともなる。

> 相手の顔を見て愛想笑いをしながらほどよいあいづちを打つのは、社会人には欠かせないスキル。コミュニケーション能力が高い人と評価される。

虚栄心

意味	自分を実力以上に見せようと見栄を張りたがる気持ち
類義語	うぬぼれ／思い上がり
使い方	虚栄心が強いといわれている

　虚栄心とは、実際の自分以上によく見せたいとする心理だ。人はまわりの人から認められることで自尊心を持ち、等身大の自分を認めるようになる。しかし、虚栄心の強い人は**見栄を張ることでしか自尊心を保つことができない**。そのため、嘘や欺瞞で自分を武装してよりよく見せようとするのである。
　聞かれもしないのに、夫の肩書や子どもの成績を自慢したり、収入に見合わないブランド品で全身を飾っている人も虚栄心が強いと判断される。このような人は、他人より上だという優越感を持ち、みんなの中心にいる自分はすごい存在だと認識する。だが、それでも満足できず、もっと素晴らしい自分を演出するべく行動がエスカレートしていく。その結果、問題は深刻化していく。

> 一般的には、嘘をついたり見栄を張り続けるとストレスが生じるが、虚栄心の強い人は嘘や見栄に対して問題意識が薄いため、つらさを感じることが少ない。

距離感（きょりかん）

意味	他人との関係において必要となるバランス感覚
類義語	つかず離れず／親しさ／ほどよい関係
場面	職場の同僚からプライベートなことを聞かれたとき

相手との距離が近くなりすぎたために、その人間関係がストレスになってしまったというのはよくある話だ。

近づきすぎれば、相手のイヤな部分が見えてしまう。あるいは、その逆もあり得る。**関係が近づいた気安さも手伝って、お互いについつい相手のことに口出しもしてしまいがちだ**。しかし、誰にだって踏み込んでほしくない領域がある。そして、それは外からは計り知れない。本人だってわかっていない場合すらある。

特に気をつけたいのは、悪口や噂話のたぐい。その種の話題はつい一緒になって盛り上がってしまうが、よほど気心の知れた人でないかぎり、プライベートの話題は当たり障りのない範囲にとどめておくのが、賢い他人との付き合い方だ。

> 自分のプライバシーは、すべてを公表しないのが鉄則。たとえ素っ気ない人と思われても、ストレスを感じるよりはよほど快適な距離感が保てる。

キラキラ

意味	美しく光り輝いている様子
類義語	ピカピカ／ゴージャス
場所	女性が喜ぶイベントが行われている場所

アクセサリーにイルミネーション。どちらも、女性が好きなキラキラしたものだ。女性がキラキラしたものを好むのは、生理や出産など神秘的な経験が関係しているといわれている。**女性は宇宙とつながるイメージを常にもっていて、その神秘性がキラキラしたものをイメージさせる**というわけだ。いずれにしても、キラキラしたものが女性的な感性を刺激することは間違いない。**アクセサリーをたくさんつけるのは、自分をキラキラさせたいからで、そこには、目立ちたい、他の誰よりも特別な女性として見てもらいたいという願望がある**。イルミネーションのキラキラが好きなのも同様だ。一方で、逆に自信が持てないときなど、何か不安がある場合にキラキラを求める心理もある。そうやって、マイナスな感情や状況を、プラスのもので埋め合わせしたいと考えるのだ。

> キラキラしたものが好きな人は、女子度が高い証拠。ただし、マイナスな感情に支配されたときにもキラキラを求めることがある。

愚痴(ぐち)

意 味	悩みや不安を口に出すこと
類義語	繰りごと／不平不満／恨みごと
場 面	気の置けない女性同士が集まったとき

悩みや不安を口に出し、それを誰かに共感(→P79)してもらうことでストレスは発散できる。女子会(→P113)の話題で愚痴が多いのには、そういう理由がある。したがって、お互いの愚痴を聞き合う女性たちは、そのぶんだけ絆が深まることになる。若い女性なら、仕事や恋愛についての悩みが多く、年齢を重ねれば、結婚、出産、嫁姑問題、夫婦関係の問題、自身の健康問題などが加わってくる。負担に感じなければ、一区切りつくまで聞いてあげよう。意見を言うのであれば、その後のほうが効果的だ。**途中で意見を差し挟んだり、否定したりしない**。愚痴を言う側は、言うだけで悩みの半分くらいすでに解消している。残りの半分は、その人が何に一番悩んでいるのかを、話が全部済んだ後に質問してあげることで、本人が問題の本質に気づき、解消されることが多い。

> 友だちが愚痴を言い出したら、一区切り最後まで聞いてあげたほうが相手は満足するだろう。ただし、いつも「愚痴の聞き役」という関係にならないように。

口出し(くちだ)する

意 味	関係ない立場から意見を言う
類義語	干渉する／おせっかいを焼く
場 面	嫁のところへ姑が訪ねてきたとき

口出しとは、自分のことを棚に上げ、自分には直接関係のないことに対して意見を言うこと。口出しされた側は、当然面白くない。「人に意見する暇があったら、まず自分のことを心配したらどうなの」と文句のひとつも言いたくなるだろう。しかし、口出ししてくる相手は、たいてい自分より立場が上。母親、姑、職場の先輩などが、その代表例だ。単純に心配してくれているだけかもしれないが、中には、**相手を自分の思い通りにしたいと思って口出しする人もいる**。そういう人は、自分の意見が正しいと信じて疑わないため、「私は、あなたと違う意見をもっている」と反論しても、こちらが間違っていると決めてかかっている。口出しされたときは、**それに正面から反論するのではなく、まず意見してくれたことに感謝の意を表そう**。それだけで相手は満足する場合が多い。

> やたらと口出ししてくる人には、とりあえず感謝だけしておく。意見を取り入れなくても、それだけで満足するからだ。

くどくど

意 味	話が長くてしつこい様子
類義語	くどい／だらだら
使い方	彼女の話がくどくどと長くてうんざり

「くどくど」は擬態語で、話などをしつこく繰り返して言う様。ただ話が長いだけでなく、同じことを何度も言うので、聞いているほとんどの人がうんざりしてしまう。

繰り返し何度も同じことを言うのは、言いにくいことがあって、核心部分を切り出すことができないからかもしれない。 話を早く切り上げてほしいときは、こちらから相手が言いたいことを察してあげて、さりげなく話題をそちらに向けるのがよいだろう。

中にはおしゃべり好きで、ただ話し続けたいだけという人もいる。 一度こういう人につかまると、なかなか解放してくれないので、やっかいだ。（たとえ用事がなくても）「これから用事があるので、○分だけなら聞くことができる」というように、タイムリミットを設定すれば、角が立たずに短い時間で済ませることができる。

> 高いテンションで話す人に対し、こちらはテンション低く対応するのも手。共感の態度を示さないことで、話しづらい雰囲気をつくるのだ。

比べたがる

意 味	いつも自分と他人を比較してしまう
類義語	人の幸せが妬ましい／隣の芝生が青く見える
場 面	自分の存在価値がわからなくなってしまったとき

自分と他人を比べてしまうのは、**自分が他の人の目にどう映っているかが気になるから。** つまり、プライドが高く、他の人より劣っている、あるいは劣っていると思われることに耐えられないのだ。それなら、努力して誰にも負けない人になればよいのだが、変わるということは自己否定につながり、プライドが邪魔をする。容姿やキャリア、社会的地位などが主な比較項目だが、そもそもそれらの価値基準は相対的なものであり、はっきりと優劣がつけられない。どんなに比べても、安心できないという悪循環に陥るのが、こうした傾向をもつ人の特徴。この性格を変えるには、**他人と比べてどうなりたいか、ではなく、自分自身がどうなりたいのかを基準に生き方を考えること。** 広い視野で考えられれば、生き方に絶対的な基準などないということがわかるはず。

> 自分と他人を比べたがるのは、人生の明確な目標をもっていない人。他人の目が気にならないほど夢中になって追いかけられる目標を持とう。

クリスマス

意　味	大切な人と過ごす年末のイベント
類義語	聖夜
場　所	カップルで賑わうスポット

日本人にとってクリスマスは、大切な人と過ごす年末のイベントとして定着している。街全体が美しいイルミネーションに彩られ、デパートや飲食店もクリスマス一色。恋人や愛する家族と過ごせるのであれば、こんなに楽しい時間もないだろう。しかし、世の中がそれ一色に染まるだけに、ひとりで過ごさなくてはならない人には、苦痛以外の何ものでもないという声も多い。クリスマスをひとりですごす「クリぼっち」という言葉もできた。

● 無理に繁華街へ繰り出すこともない

クリスマスが苦痛だという人は、人が集まるイベントで、**ひとりでいることにいっそう孤独を感じさせる**、という人だ。そういう女性は世の中に少なくないという意味で、独り身は必ずしも孤独ではない、というパラドックス（逆説）が成り立つのも事実だ。

独身で恋人もいない女性が同じ境遇の女性とひらくクリスマス会なら、お互いの愚痴（→P82）を共有し合えるし、劣等感に悩まされることもないだろう。

気をつけたいのは会場選び。カップルが集まるおしゃれなレストランや夜景の美しい観光スポットはあえて避け、クリスマスとは直接関係のないエスニック料理店や、大人数で盛り上がれるカラオケボックスなどがおすすめだ。また、無理に繁華街へ繰り出すこともない。誰かの家に食べ物を持ち寄って集まればいいのだ。プライドや見栄を越えて付き合える友だちは、一生の宝物となるだろう。

● 年に一度、自分にご褒美を与える日にする

もし、恋人もいなければ友だちもいない、というならば、クリスマスを年に一度、自分のためだけに過ごす日にするという方法もある。クリスマスシーズンは年末でもある。西洋の宗教行事にこだわらず、年末とだけ捉えれば、部屋の大掃除に充ててもいいし、いつもより贅沢してお取り寄せをして好きな食べ物を好きなだけ食べるという時間を設けるというのもいいだろう。

> クリスマスの過ごし方はひとつじゃない。孤独を感じたときこそ、その思いを共有できる同性の友人同士が絆を深めたり、自分にご褒美を与えたりできる、いい機会だ。

グループ

意　味	複数の人間の集まり
類義語	集団／派閥／群れ／仲間
場　面	ひとりで社会を生き抜くのは困難と感じるとき

グループで行動することを好む女性が多いのは、子どもや日々の生活を維持するという目的で、集団を守る役割を担ってきたからだ。体力も男より劣るので、外敵から身を守ることより、集団の内部をメンテナンスするほうに能力を特化させたわけだ。そこで必要になるのは、**体力以上に協調性**である。

●グループの意思が間違っていると自分も間違いやすい

女性がグループで行動することには、現代でも、何かとメリットがある。現代社会で猛獣に脅えることはほとんどなくなったが、女性をつけ狙う犯罪者から身を守り、男性優位の社会で生き抜くのには、**女性が結束することが有効である。悩みがあればそれを共有し、解決策を一緒に考えることもできる。**

一方、デメリットもある。グループで行動することには安心感があり、ひとりでいるときよりも自信が持てる。そのため、グループの中で共有される意思を無批判に正しいと信じ込むという状況が起き、間違った判断をしてしまうこともあるのだ。それが例えば、同じグループに属さない人たちへのいじめなどにもつながっていく。女性の中でも特にグループで行動したがる人は、**ひとりでいることに恐怖を感じているので、たとえ間違っていることだとわかっていても、自分が仲間はずれ（→P139）にされたくないという思いから、口をつぐんでしまうだろう。**

●群れない人は……

皆が同じ方向を向くことに違和感を覚える人もいる。いわゆる群れない人だ。グループに属することで得られる安心や、様々な意見が得られないのはデメリットだが、そのぶん、自分の時間を確保しやすいとか、独創的な発想ができるとかいった点はメリットである。どちらにも一長一短があるわけだから、どちらを選ぶかはその人の性格次第ということになる。

> グループに属するならば、自分の意見をしっかりもつことは大切だ。でないと、周囲に流されて間違った判断をしてしまうかもしれない。

グループLINE(ライン)

意　味	3人以上のグループでトークするLINEの機能
類義語	掲示板／グループチャット
場　面	いつでも気軽にグループで会話をしたいとき

　主にスマートフォンを使ったSNSとして、すっかり定着した感のあるLINE。一対一の会話にも、3人以上のトーク（グループLINE）にも便利なコミュニケーションツールである。SNS上の女子会として活用する人も多いだろう。
　しかし、グループLINEにはそれ特有の問題点もある。気軽に参加できるのはいいのだが、**誰かが発言すると、それに対して全員が何らかのリアクションをしないといけない空気を感じ、それがストレスになる**という人は少なくない。中には、あまり仲がよくない人も同じグループでつながっていて、それでもその人が誕生日のときにはお祝いメッセージを送らなくてはならない、あまり行きたくないイベントでも不参加の意思が伝えにくい、などといった状況に直面することもある。

●SNSとは本来手軽なもの

　一度、トークに参加すると、**自分の発言に誰かが返すを繰り返して、それがいつまでもだらだらと終わらない**のも問題だ。
　こうした問題に悩まされていると感じたときは、それだけリアルな世界が充実している証拠かもしれないし、他に悩みが多くてLINEのことにまで煩わされたくないと思っているからかもしれない。いずれにせよ、ストレスに感じているのなら、「了解です」「報告ありがとう」程度の、当たり障りのないコメントにとどめておくにかぎる。

●コミュニケーション手段はひとつでない

　ただ、既読スルーやスタンプのみだと印象が悪くなる場合があるので、「忙しくて、あまりコメント返せなくてごめんね」などのフォローをしておくのもいいだろう。もし、あなたのその対応に文句を言ってくる人がいたとしても、**LINEだけがコミュニケーションのすべてではないと割り切ることで、ストレスは軽減できる**。むしろ、自分が頻繁にコメントして、他の人をうんざりさせているかもしれない。

　グループLINEのマナーを気にしているのは、案外自分だけなのかも。リアルなコミュニケーションの補助と割り切ろう。

群集心理

意　味	集団の中に生まれる特殊な心理状態のこと
類義語	場の空気／付和雷同
場　面	噂話が次々と広がっていくとき

群集心理は「集団心理」ともいい、そこに属していることで作り出される特殊な心理状態のことだ。物理的に一緒にいたほうが強く働くが、そうでなくとも、例えばネットを使ってパソコン越しにつながっていても、この心理状態は発生しうる。

特徴としては、「集団に埋没することで匿名性を得ているかのような気分になる」「周りの人間に流されやすくなる」などが挙げられる。その結果、ひとりの言動が連鎖的に集団へ感染することがある。

また、匿名性を得ているという気分から「気が大きくなる」といった現象が起こる。気が大きくなるから冷静な判断は難しくなる。何か強いショックや誘惑などのきっかけがあると、途端に違う感情が感染し始めたりすることも珍しくない。このように、群集心理は、きわめて不安定で変化しやすいものといえる。

●よいほうに働くこともあるが……

気が大きくなるわけだから、それがよいほうに働けば、勇気を出して主張をしたり、励まし合い努力をする助けになったりすることもある。しかし、群集心理がよいほうに働くのは稀だと言わざるを得ない。

自分が群衆の一部だと思っている間は、群集の頼もしさから気が大きくなり、ともするとそれが思いやりや遠慮を失わせる。群集に隠れることで得られる匿名性の安心感は、得てして抑圧してきた攻撃性をむき出しにさせる。そして、ひとたび群集に恐怖が巻き起これば、頼もしかった巨大な群集のすべてが恐怖の対象となり、次々にパニックを感染させていく。

群集が暴走し始めたら、それを個人が止めることなどはまず不可能だ。そうなったら群集心理に飲み込まれないように意識し、できるだけ冷静に対処できるよう努めることしかできない。

> 権威に弱い人や孤独感に弱い人ほど、群集心理に流されやすい。そういう人はそれを自覚して、自分の心と向き合い、自分の思いのほうを優先できるよう心掛けることだ。

結婚 けっこん

意 味	社会的、公的に配偶者関係になること
類義語	縁組／嫁入り／家族関係／夫婦の契り
使い方	「そろそろ結婚の話って出ているの?」

女性にとっての結婚は、男性以上に重い意味をもつ。理不尽だが、現状では、女性が結婚して子どもをもつと、それまでのキャリアを絶たれることは珍しくない。一方、男性にはそういうことがほとんどない。

結婚、出産だけでも大変なことなのに、育児や家事を女性が中心的に負担することまで当然かのように言われることもある。

ママ友とのお付き合いなど、周囲の人間関係も大きく変わる。義父母との関係も新たに築いていかなければならない。**一言でいえば、環境ががらりと変わるのだ**。そう考えると、自分のキャリアのために結婚しないという選択肢もあるし、たとえするつもりがあっても、適齢期に対する認識が、周囲とずれることもあるだろう。

●大事なのは結婚以外の選択肢が充実していること

そこで、親やまわりの人たちから「結婚しないの?」というセリフを何度も聞かされることになる。独身女性の多くが抱えるストレスだ。

このストレスを回避するには、相手がなぜ「結婚しないのか」と聞いてくるのか、その理由を知っておく必要がある。知っていれば、心構えができる。一番の理由は、結婚している立場から、あなたに優越感を覚えたいというものが挙げられる。これは同世代の友人にありがちで、実はキャリアを充実させているあなたに対する嫉妬を認めたくないことから、こういう発言をしているものと思われる。

これをかわすには、逆にあなたから、**既婚の友人に結婚のなれそめや、今の幸せな家庭生活について質問するといい**。そうすれば彼女は、自分の幸せをアピールしようと夢中になって、他のことなどどうでもよくなるからだ。中には、自分の結婚生活が不幸で、それを悩んでいる可能性もあるが、それならそれで、あなたに優越感を覚えようとする虚しさに気づくだろう。

しかし、一番のかわし方は、やはり今のあなたが、そんな質問を何とも思わないくらいに充実した生活を送ることだ。これは、あなたの将来を心配している親を含め、誰に対しても有効な方法だ。

> 周囲の空気に流されて結婚しても幸せにはなれない。あなたに結婚を勧める友人だって、実はそうやって結婚し後悔しているかもしれないのだ。

結託する

意味	示し合わせて互いの身を守ること
類義語	共謀する／力を合わせる／同盟関係を結ぶ
場面	立場の弱さを痛感したとき

古くから女性は、弱い立場にあり、さらに弱い立場の子どもを守る必要もあることから、**その弱さを共有するという形で結託する傾向がある**。女子会を開いて愚痴をこぼし合う関係は、そうした傾向のひとつの表れである。つらさや悩みを分かち合うことで、共通の敵、例えば理不尽な職場、暴力夫、女性の地位向上に理解のない男性中心主義の社会などに、少しでも立ち向かえるようにしているわけだ。

結託することは女性にとって何かとメリットが多い。しかし、一見結託しているように見えても、**その中で微妙なヒエラルキー（階層）にこだわり、「自分のほうが上だ」と確認して安心したい女性もいる**。結託することを、あまりにも強固な関係と捉えてしまうと、そういう悩みが出てくるので、必要以上に頼らないほうがいいだろう。

> 結託するのは自己防衛術。自分ひとりで悩まずに、頼るべきところは同性に頼ろう。ただし、深入りしすぎてヒエラルキーの問題に巻き込まれないように。

けなす

意味	きわめて低い評価を与えること
類義語	酷評する／ボロクソに言う／悪く言う
場面	他人より自分のほうが優れていると思いたいとき

常に他人をけなしている人は、そのほとんどが、保護者などの大人に日頃からけなされるような成育環境で子ども時代を過ごしている。そんな環境で**自己評価は低いものの、他人をけなすのが当たり前のことだと学習してしまっている**。

他人を攻撃する言動が自信の表れのように思われることもあるが、他人を軽視しているから遠慮がないだけで、本当の意味で自信をもっているわけではない。自分をけなしてきた大人たちの考え方をそのまま鵜呑みにしており、自分自身の価値基準を持たないからだ。むしろ、まわりをけなすことで、やっと自信を保つことができているといったほうがいいだろう。他人を見下さないと気が済まないのは、自分より上に立たれるのはもちろん、同等であると認めるのさえ怖いと思っているからだ。

> 他人をけなす人の中には、親からけなされ続けて育った人もいる。なぜけなしてしまうのか、その原因を古い記憶まで遡って考えてみるのは改善への第一歩だ。

けん制(せい)する

意味	相手の自由な行動を妨げ、自分を有利にしようとすること
類義語	邪魔する／横取りする／妨害する／妨げる／水を差す
場面	ライバル関係にあることがわかったとき

誰かが仕事で成功したり、恋愛が成就しそうになったりすると、必ずといっていいほど「コネがあったから」「運がよかっただけ」「彼女は男が大好き」と水を差す人がいる。根底にあるのは嫉妬心で、ライバルと思っている人の成功を素直に喜べず、けん制して足を引っ張ろうとするのだ。恋愛のライバル関係にある場合、二人を近づかせないよう、相手の関係を妨げるような行動に出る。なるべく離れさせるよう、あの手この手を使う。

　嫉妬・ライバル心は一概に悪いとはいえないものだ。ライバルに負けたくないという気持ちが向上心につながれば、スキルアップを目指したりして自分を成長させることができる。

> 誰かが成功しそうなときにけん制する人の心にあるのは嫉妬心。ライバルに負けたくない気持ちをプラスに転じることができれば、自分の成長につながる。

恋(こい)バナ

意味	恋愛に関する話題のこと
類義語	恋愛話／ガールズトーク／噂話
使い方	友だちと恋バナで盛り上がる

日本人は恋バナが大好きで、『源氏物語』などでも恋バナの場面が出てくる。現在も恋バナはガールズトークの定番で、ほぼ確実に盛り上がる。「実はA君と付き合っている」「同じクラスのB君が好き」「理想の男性」「デートでどこへ行ったか」など話題は尽きることがない。

　恋愛経験の少ない女性にとっては、そのような話は勉強にもなる。男性との相性、彼氏のつくり方、元カレ話、友情から恋愛へのステップアップの方法など体験談を交えて赤裸々に語られ、参考になることが多い。ただし、自慢話はほどほどに。自慢がすぎると、聞くほうもいい気持ちはしない。恋バナが好きではない人にとっても、その話ばかりを続けていると、友人関係に亀裂が入ることも十分ありうるのだ。

> 恋バナはほぼ確実に盛り上がる。元カレ話など恋愛の成功談・失敗談が語られる。自慢話ばかりにならないよう注意をして。

恋人中心になる

意味	恋人との関係が最優先され、友人関係や仕事などが後回しにされること
類義語	恋愛依存／恋愛体質／共依存
使い方	恋人中心で付き合いが悪い

　1990年代に大ヒットした大黒摩季の『あなただけ見つめてる』は、まさしく恋人中心になった女性を歌ったものだった。女性は恋人が気に入るように友人や男友だちを整理し、化粧をやめ、趣味も変える。最後には恋人以外、誰もいなくなってしまった。

　女性が幸せを感じているなら、それでよしとする見方もあるが、①自立が妨げられ、恋人への依存度が強くなる、②視野が狭くなる、③恋人の事情を、すべてに優先してしまうため、日常生活に支障が生じる、④恋人の意向に沿うため、自分の興味や欲求、趣味を抑え込んでしまう、⑤人間関係をしぼってしまい、何かあったときに友人や知人からの協力が得られなくなるといったデメリットがある。

　簡単にいえば、相手と付き合うことで人間関係が広がるようなら通常の恋愛で、**恋人を優先するあまり人間関係が狭くなるようなら恋愛依存**を疑ったほうがいい。恋愛依存は恋愛や相手に夢中になりすぎて、自分で自分をコントロールできなくなった状態を指す。

●要求されても友人との関係を絶対に断ち切らない

　恋人がSMやフェティシズムなど極端な性癖をもっていたり、ドメスティック・バイオレンス（DV）の常習者であったりした場合は、さらに悲惨なことになる。暴力や異常な性行為を繰り返し受けても「この人は私がいないと生きていけない」と思い込み、相手と別れられない。肝心なことは、たとえ恋人から要求されても友人との関係を絶対に断ち切らないことだ。**人間関係さえ残っていれば、どんな展開・局面になっても、誰かが救いの手を差し出してくれる。**

恋人を優先するあまり人間関係が狭くなるようなら恋愛依存の可能性がある。友人との関係は、どんな状況でも続けておくことが重要。

公園デビュー

意 味	幼い子どもを連れた母親が近くの公園でママたちの輪に入ること
類義語	近所付き合い／ママ友
場 所	自宅近所の公園

アメリカの研究者、ホームズとレイが「ストレッサー目録」を作成した。日常生活で生じるストレスのもととなる出来事（ストレッサー）を評価し、点数をつけたもので、それにならって日本でも勤労者、大学生、主婦などの「ストレッサー目録」がつくられている。主婦の場合、「近所とのトラブル」が「夫の単身赴任」「親との同居」「夫の定年退職」などを上回り、全63項目中の14位だった（※）。ご近所付き合いに主婦が、いかに神経をすり減らしているかがわかる。

ご近所付き合いの中でも公園デビューは第一の関門にあたる。小さな子どもを連れて近所の公園に遊びにいくという、新米の母親が極度に緊張を強いられるビッグイベントだ。公園には先輩ママたちが子どもたちとともに、たむろしており、その輪の中にうまく入らなければいけない。

● 世話好きの先輩ママを紹介してもらう

新米ママに対する視線は厳しく、ママ友カースト（→P167）があったり、ボスママがいたりすると、よそ者と見なされて疎外されてしまうことも少なくない。いったん疎外されるとママたちの輪に入るのは難しく、公園の隅で子どもと二人で遊ぶといったケースも起こり得る。

では、どうしたらいいのか。公園デビューで成功するためには前もって世話好きの**先輩ママと公園やスーパー、病院などで知り合い、そこからママグループに紹介してもらう**という作戦が考えられる。一度公園のママたち全員に紹介してもらう機会があると、輪に入りやすくなる。

※「ライフイベント法とストレス度測定」夏目誠、村田弘（1993年）

公園デビューでの失敗は大きなストレスを抱えることになる。先輩ママを紹介してもらったりすることでママたちの輪に入りやすくなれば、その後もスムーズになるだろう。

合コン

意味	初対面の男女が親睦を深めるコンパのこと。合同コンパの略
類義語	パーティー／新歓コンパ／追いコン／飲み会
場所	居酒屋／ちょっとおしゃれなお店／カラオケ

合コンはテレビのバラエティ番組のひな壇芸に似ている。参加したメンバーが助け合って場を盛り上げることが肝心で、ひとりだけ抜け駆けしたり、雰囲気に水を差すふるまいをしたりするとメンバーから嫌われる。

特に肝に銘じておかなければいけないことが何点かある。**恋人がいる人は基本的には参加しないほうがいい**。人数合わせで参加する場合は場を盛り上げることに全力をあげ、友だちへの協力を惜しまないことだ。いろいろとリスクがあるので、変な色気は出さないほうがいい。

次に**「私、彼氏がいます」という宣言も場違い感があるので控えたい**。あらかじめ宣言することで「盛り上げ役に徹します」とアピールしているつもりなのだろうが、男性陣からは「なんで呼んだんだよ」と幹事役の女性が責められ、女性陣からは「恋人いる自慢」のマウンティング（→P164）と受け止められかねない。

●幹事役の女性に慰労と感謝の言葉を述べる

また、**内輪ネタや下ネタは、ほどほどにすること**。場を盛り上げようとするあまり、打ち合わせもしていないのにメンバーの本性や過去の知られたくないエピソード、元カレ、住んでいる場所をばらしたり、メンバーに恋人がいることを話したりすることは避けたい。イヤな思いをさせてトラブルやケンカのもととなる。

女性同士の関係で大切なのは終了後、幹事役の女性に慰労と感謝の言葉を伝えることだ。**メールやLINEで十分だが**、どんなに親しくても感謝の心を忘れてはいけない。

合コンでメンバーが助け合って場を盛り上げることが肝心。抜け駆けや過剰な内輪ネタ、下ネタで雰囲気に水を差したりするとまわりから煙たがられる。

後輩(こうはい)

意味	学校や職場、サークルなどで後から入ってきた人
類義語	後進／後学／年下／部下
場面	学校、職場などで上下関係が生まれるところ

職場などで後輩ができたとき、気をつけなければいけないことがいくつかある。

ひとつは、**後輩は自分と同じ知識量ではなく、知らないことが多くあると思ったほうがいい**。知っているべきマナーや常識、敬語の使い方、あいさつの仕方はもちろん、社会人としての基本的な知識さえもっていないこともある。社会人なら、休日を除いて毎日出社しなければいけないこと、遅刻してはいけないこと、休むときは必ず連絡を入れること、注意されてもふてくされないことといった基本中の基本から教え込む必要がある人もいるだろう。

教える際は、「ああしてはダメ」というだけではなく、「なぜ、それをしてはダメなのか」と理由まで説明するほうがいい。理由を知ることで理解が速くなり、他の場面や課題への応用も利くようになる。

● プライドや自己評価は高い

さらに、プライドや自己評価が高い後輩もいるので、失敗やミスをしても頭ごなしに叱らないほうがいい。自尊感情(→P106)が傷つけられると、ショックを受けて立ち直るのに時間がかかったり、ふてくされて職場を放棄したりといった負の効果を生じやすい。失敗やミスの防ぎ方、まわりのサポートを受ける方法などを、ていねいに論理的に説明する必要がある。失敗やミスを挽回しようとした努力や頑張りは多少方向が間違っていようと、大いに褒めてあげよう。

一方、後輩の立場では、先輩から注意を受けたときは反発するのではなく、しっかり聞くことだ。よい関係を築いている先輩からの注意であれば、それは適切なアドバイスのはず。自分のためを思って言ってくれていると考えよう。

女性は「育てていく」という行為が得意な人も多い。そのため、後輩が何か失敗したとしてもやる気を見せている状況であれば、その心意気を認め、指導に当たる。しかし、先輩と距離を置き、「ひとりでできます」というように自己開示をしていない状況であれば、その先輩後輩の関係はうまくいかないだろう。

ただし、後輩しか知らないということもある。SNSやネットワークなど最新情報に詳しかったりする。よい関係を築けていれば、情報共有して、お互いメリットになる。

> 後輩には何も知らないというスタンスで接する。頭ごなしに叱るのは厳禁。後輩は先輩からの注意も、自分のためを思ってくれていると考え、感謝の気持ちをもつ。

ご近所付き合い

意味	近隣との交流・コミュニケーション
類義語	井戸端会議／公園デビュー／ご近所トラブル
使い方	ご近所付き合いを大切にしたい

　近所付き合いについて、『平成26年版警察白書』によると、近隣に付き合いのある友人がゼロの人は35.7％、顔見知りの知人がゼロの人は23.1％。4人に1人が地域内に友人も知人もいなかった。知り合いがいなくてもいいと考える人もいるだろうが、**防犯・防災対策面から考えると最低限のご近所付き合いはしておきたい**。
　のぞきやちかんなどの性犯罪、窃盗、空き巣、子どもの事故などを未然に防ぐためには、ご近所で顔の見える人間関係をつくっておいたほうがいい。長期間留守にする際も、近隣にひと声かけるだけで空き巣被害にあう確率は下がる。

●悪口だけは厳禁

　ただ、ご近所付き合いには細心の注意が必要だ。絶対にしてはいけないのは他人の悪口を言うこと。まわりまわって本人の耳に入りかねないし、悪口を楽しむということでは品性を疑われても仕方がない。悪口大会になりそうなら、話をそらすか、「ちょっと用事があって」と、その場を離れるのが正解だ。

●細かなプライバシーは極力もらさない

　自分や家族の細かなプライバシーは極力もらさないこと。夫の職業を尋ねられたら「会社員」「自営業」レベルにとどめておき、「○○会社で課長をしている」「部下が○人いる」といった詳細な情報は出さないほうがいい。
　長時間、同じ人と過ごさないことも大切。ご近所付き合いの基本は「広く、浅く」。大勢の人と交流していきたい。特定の人と親しくなりすぎると、その人とトラブルがあったり、仲が悪くなったりしたときに地域に居づらくなる。
　友人ではない関係なので、ある程度の距離感は保ちつつ、付き合えるといい。

> 近所で顔の見える人間関係をつくっておくことはいいことだ。ただし、自分のプライバシーを必要以上にもらしたり、決まった人とだけ付き合ったりといったことは避けたほうが賢明だ。

小姑 (こじゅうと(め))

意味	夫や妻の姉妹
類義語	義姉／義妹
場所	夫の実家／法事

嫁姑の間柄以上に、嫁小姑の関係は悪化する可能性もある。嫁と小姑は年齢が近いことが多く、小姑は兄もしくは弟を嫁に取られたと思っており、ライバル心・敵対心を抱きやすいからだ。小さい頃から、ずっと一緒に育ってきたので、兄弟のことは自分が一番よく知っているという自負もある。

兄弟に対する強い愛情やこだわり(ブラザーコンプレックス)をもっていればいるほど、嫁に対して激しい対抗意識を燃やす。特に夫の実家で同居している場合、小姑がやって来ては勝手気ままに夫婦生活に干渉してくるので、ほうっておくと二人の生活がかき乱される。何らかの小姑対策を立てる必要がある。

また、小姑が独身で実家にいる場合は、姑・小姑・嫁という三角関係が生じるため、帰省などで夫の実家に行った際、家事の分担などで揉めることがある。

●小姑対策として、まずは相談を持ちかける

一番いいのは小姑を味方につけることだ。

最初は「夫の性格や好みを教えて」「お義母さんとは、どういうふうに付き合えばいい?」と相談を持ちかける。相談ごとは相談されるほうが優位に立てるので、小姑も悪い気はしない。会話の主導権を渡すことで相手は話しやすくなるし、自分が聞き役に徹すれば小姑の考え方や性格、悩みなども見えてくる。夫の幼少期のエピソード、夫が子どものころ好きだったことなど、いろいろと役立つ情報を教えてくれるかもしれない。

次に**自分と小姑の共通点を探す**ことだ。世代が近いので、趣味や好みが似通っている可能性はある。好きなテレビドラマや歌、タレント、俳優など共通点が見つかれば、そこから話を広げていくことができる。

> 嫁と小姑はたいてい年齢が近く、ライバル心・敵対心を抱きやすい。共通点を見つけ出し、小姑を味方につけることが対策になる。

子育てサークル

意　味	親同士が育児に関する情報交換や相互協力をするグループ
類義語	育児サークル／ママコミュニティ
内　容	アウトドア遊び／読み聞かせ／工作／リトミック

　子育てサークルは主に参加するママたちによって自主的に企画運営され、住まいの近くで活動しているグループに親子で参加することが多い。

　ママにも子どもにも友だちができたり、病院や幼稚園の評判などナマの情報が得られる半面、素人運営ならではの難しさも。最も多いのは、**活動に熱心なママと"乗っかる"だけのママとが互いに不満を抱き、全体の雰囲気が悪くなる**ことである。

　ルールのゆるさ、活動内容と頻度、参加費、子どもの年齢層などが自分に合うか事前に確認しておきたい。会の運営には極力関わらず、行って帰るだけにしたいなら、地域子育てセンターなど自治体主催のサークルがおすすめ。

> 親子ともに交友関係を広げ、地域のリアル情報を知るにはたいへん役立つが、うまく運営していくには協調性が欠かせない。自分がどの程度まで運営に協力できるかを見極めて。

寿退社

意　味	結婚を機に会社を辞めること
類義語	寿退職／結婚退社／結婚退職
使い方	「〇〇さん寿退社だって！　めでたいね」

　結婚が決まり、職場のみんなに祝福されて笑顔で去っていく……寿退社は円満退職の極めつけだが、公的にはあくまで「一身上の都合」という扱い。幸せいっぱいだからといってハシャギすぎは禁物である。

　仕事を途中で放棄したとか、仕事ができないから結婚に逃げたとか言われないためには、①**繁忙期を避けて退職日を決めること**、②**確実に引き継ぎをすること**が不可欠。社会人としての責任をきちんと果たせば誰も文句はつけられない。会社の規約と常識にのっとって、淡々と準備を進めよう。

　なお、近年は共働き家庭が増えているため、結婚してもそのまま働き続ける人は多くいる。

> スムーズで幸せな結婚退職のコツは、必要以上にテンションを上げないこと。「立つ鳥跡を濁さず」に徹し、会社における自分の責任をきっちり果たすのみ。

子どもっぽい

意味	実際は子どもといえない年齢なのに言動などが幼い子どもに似ている様
類義語	精神年齢が低い／無邪気／他愛ない／幼稚な／大人気ない
使い方	「いつまでも子どもっぽいこと言ってんじゃないよ」

子どもっぽい性格の人は、ちょっと叱られるとすぐに泣く、気に入らないことがあると癇癪を起こす、人の話を聞かない、語彙や知識がない、かわいらしい服装を好むといった特徴が見られる。しかし外見はれっきとした大人なので、こうした**行動・趣味とのギャップ**から、いわゆるイタイ女になってしまう。

過保護な環境で育ったため社会経験が足りなかったり、あるいは逆に親から放置されて育ったためコミュニケーションを学んでこられなかったりというケースが多い。こうした女性に対応するときは、まさに**子どもを育て直す気持ちで接する**とよい。褒めるところは褒め、責任をもつことを教え、最低限のマナーは守らせる。毅然とした態度で忍耐強く接するしかないだろう。

> コミュニケーション能力・知識・経験いずれも未熟なので、文字通り「子どもを育てる」つもりで付き合うべし。

子どもの運動会

意味	幼稚園や学校で保護者が参加する年間行事のひとつ
関連語	学芸会／お遊戯会
使い方	子どもの運動会の日は早朝から場所取り

運動会は本来子どもが主役である。それも自分の子どもだけでなく、参加している子ども全員が主役なのだ。それを忘れている親が問題を起こす。

強引な場所取りをしたり、自分の子が負けるとブーイングをしたり、母親同士でファッションチェック、お弁当チェックをして陰口をたたいたり……運動会は保護者のための集会ではない。見るべきは子どもたちであって親たちではないのだから、顔見知りのママがいたら挨拶する程度で十分である。マナーの悪い保護者がいたら、**よほど悪質でない限りその場を離れればよい**。自分が何をしに来たのか今いちど思い出してほしい。自分が子どもだったとき、親にどうして欲しかったかをこの機会に考えてみるのもいいだろう。

> 運動会の主役はあくまで子ども。「ビデオ撮影のベストポジションを独占したい」「おしゃれなママに見られたい」など自分本位な考えは場違いであると心得る。

「子どもは？」

意　味	子どものいない夫婦がよく聞かれる質問
類義語	「産まないの？」／早く孫の顔が見たい／子どもを産んで一人前
使い方	「あなたのところ、子どもはまだなの？」

結婚から2〜3年後に最もよく耳にする言葉。相手は社交辞令で言っている場合もあるので、過剰に反応しないことが大切である。子どものことはあくまでプライベートな問題、何を言われても気にすることはない。「考えていない」「欲しいと思わない」などハッキリと正直に答えたほうが、しつこく詮索されずに済む。

また、親・義理の親に「孫を見せろ」とせっつかれたり、不妊であることに悩んでいる場合は、**罪悪感やプレッシャーで傷ついてしまうこともある**。自分の気持ちを率直に伝えるのが無理なら「経済的な基盤を整えるのが先」「健康面に不安があるので医師に相談中」など相手が干渉できそうにない事柄を理由にして、追及を避けるという方法もある。

> 結婚して子どもがいないことを疑問に思う人が、何の気なしに聞いてくることもあるが、罪悪感やストレスを生じさせる、無神経な質問といえる。

子どもを預かる／預ける

意　味	一時的にママ友、身内の子どもの面倒を見る
類義語	ベビーシッター／託児
場　面	用事などで子どもを置いて外出しなければならないとき

子どもを預かるのは気分転換にもなり、子ども同士も喜ぶ楽しい経験である。だが、ケガ・病気など万が一の可能性もあるため、預ける側と信頼関係があることが前提となる。トラブルを避けるためには、**アレルギーなど飲食物に関する注意点、ゲームやテレビの内容・時間制限、何時から何時まで預かるかの3つは必ず確認しておきたい**。また、LINEなどで経過報告を入れること、子どもを通して知り得た個人情報の漏洩にも留意しよう。預かる側の負担が大きいと依頼者との間に亀裂が入るので、ストレスがないように気をつけたい。あまりに預けてばかりだと相手も不満が溜まっていたり、本来は預かりたくないのに断れなくて預かっているということも。相手の親切心に頼りっぱなしにならず、トラブルが起きないよう、早めに対処しておく。

> 親同士の信頼関係がなければ子どもを預かる／預けることはできない。安全面などに配慮しつつ負担を軽減するため、必要なことは事前に話し合う。

媚 (こび)

意味	上司や異性の機嫌をとるためのへつらい
類義語	お世辞／ゴマすり／色目／媚態
使い方	「あの子、また部長に媚を売ってる」

男性の媚はたいてい出世目当てのゴマすりであるが、**女性の媚にはセックスアピール**という意味合いが入ってくる。異性に対して声のトーンが上がる、頻繁に差し入れをする、胸元の開いた服を着る、大げさにリアクションする、ボディタッチが多い、料理の取り分けなど世話を焼きたがる、相手の意見に無条件に賛成するといったふるまいが「ぶりっこ」に重なるため、**同性の反感を誘いがち**である。

下心があって技巧的にやっている場合もあれば、自信がなく嫌われるのが怖いため無意識にやってしまっていることも。媚びていると思われないためには、他人から好かれようとせず、自分自身を好きになることが先決である。

> 男性に媚びる女性は意識的にやっている場合と無意識にしている場合があるが、いずれも同性から嫌われる。自分のことを好きになれれば、誰にも媚びる必要はなくなる。

婚活 (こんかつ)

意味	結婚相手を見つけるための熱心な活動
類義語	合コン／お見合い／結婚相談／オンライン・マッチング
使い方	「来年30歳、いま婚活しています」

婚活という造語が誕生したのは2007年。企業や自治体が主催する婚活パーティーが主な活動場所である。そういったイベントに積極的に参加している女性を「婚活女子」といい、**同じ境遇の者同士、意気投合することも多い。**

婚活仲間は互いに支え励まし合う"味方"であると同時に、結婚という同じゴールを目指す"競争相手"でもある。場合によってはひとりの男性を取り合う可能性もあるわけで、フェアプレーに徹することができるかどうか、大人としての器量が問われるところ。ライバルになる可能性があったら、**情報交換の相手と割り切って**、適度な距離感を保ちながら付き合うことも大切。

> お見合いパーティーなど婚活の場で出会った女性同士が仲良くなることもあるが、味方でもあり敵でもあるという微妙な関係なので、あまり深入りしないほうがよいだろう。

コンサバ

意　味	ファッションや考え方が保守的で堅実な様
類義語	控えめ／お嬢様／安定志向／上品
使い方	「結局コンサバ女子はモテるよね」

英語で「保守的」を意味するconservativeの略語。日本では定番・ベーシックという意味合いのファッション用語として広まった。

女性の性格や価値観を形容して使われる場合には、**流行に惑わされない・突飛な行動をしない・変化を好まない・安定や安心を求める**といった意味になる。

こうした傾向ゆえ、コンサバ系女子は「育ちのいいお嬢さん」「良妻賢母の鏡」「安心して母親に紹介できる恋人」といった印象を与えることが多く、エリート男性に好かれるとされる。ただ、冒険心がなく世間体を気にするところがあるので、面白くないともいえる。いずれにせよ、数ある個性のうちのひとつである。

> ファッション用語から転じて「安定志向」という人間性を表すように。それを好むも好まないも個人の自由であり、コンサバだからよい／悪いという問題ではない。

コンプレックス

意　味	他者と比べて自分が劣っていると感じるところ
類義語	劣等感／自分の嫌いな部分
使い方	「私、足が太いのがコンプレックスなんだ」

本来は「複合・合成」を意味する英語。記憶と感情の複合体という意味で心理学者ユングが提唱した。アドラー心理学では劣等感を理由に人生の課題から逃げることを劣等コンプレックスというが、日本では**劣等感そのものをコンプレックス**と称することが多い。

日本女性のコンプレックスとして最も多く見られるのは、体型・体重・肌・髪など容姿に関するもの。キレイに見られたいという願望は女性なら当たり前だが、イヤなところに注目すると次から次へと気になるところが出てきてきりがない。第三者の意見を聞いて客観的に判断するとともに、同じコンプレックスを克服した人をマネたり、自分の好きなところに注目したりして自己肯定感を高めていきたい。

> 女性は自分の見た目に劣等感を抱くことが多い。根本的な要因である自己肯定感の低さが改善されないうちは、新しいコンプレックスが発生し続ける。

サークル仲間(なかま)

意 味	同じサークルに所属するメンバー
類義語	同好会の仲間／共通の趣味をもつ友だち
使い方	「彼氏じゃない、ただのサークル仲間」

　サークルとは共通の興味をもつ人々の集まりである。大学時代のサークル活動で出会った仲間が一生の友だちになることもある。社会人サークルは大学のそれと違って活動が土日などに限られるため仲間と一緒に過ごす時間は短いが、**人生経験や年齢層については、より幅広いタイプの人間**と知り合うことができる。異業種交流会など出会いそのものを目的としたサークルもあり、インターネット上でもメンバー募集が行われている。

　サークル活動は集団で行うものなので、社会人としてのマナーと協力的な態度が不可欠。他のメンバーの悪口を言わない、複数のメンバーと性的関係をもたない、派閥をつくらないといった気遣いが必要である。

> 社会人サークルに入ると、自宅と会社の往復だけでは得られない豊かな交友関係をつくることができる。集団行動のマナーを守り、平和に楽しく活動しよう。

サバサバ

意 味	物事にこだわらず、あっさりしている様
類義語	さっぱりとした／竹を割ったような／裏表がない／ドライな
場 面	相手の性格を示す際

　さばけた気性のサバサバ女子はメールの返信が淡白、細かいことを気にしない、ノリがいい、恋愛にのめり込まないなどの特徴があり、男女問わず「付き合いやすい」と好評である。

　しかし、周囲に好かれようとしてサバサバを演じる女性も増殖している。「ほら、私ってサバサバしてるから」と自らアピールするのは自称・サバ女である。とりわけ**男っぽい言葉を使ったり同性を見下すような言動をするのは、間違いなく演技**である。

　真性のサバサバ女子は自分がサバサバしているとは思っていないことが多い。また、ガサツや無愛想とも違う。単に相手に媚びたりベタベタしていない、というだけなのである。人付き合いが悪いわけではない。

> 淡々として我が道を往くサバサバ女子は、付き合いやすくて人気がある。しかし、サバサバ女子を自分から名乗る人には要注意!　本物はあくまで自然体である。

三女 (さんじょ)

意 味	長女、次女に続く三番目の娘
類義語	末っ子
使い方	「三女だから、甘えん坊に育っちゃって」

　三女は小さい頃から長女、次女と「集団」で過ごしていることから、**人間関係づくりがうまく、高いコミュニケーション能力**をもっている。人が大勢いても苦にならず、長女や次女との経験を生かし、年上の人や上司、社会的に偉い人のあしらいも上手で、ふところに飛び込んで、かわいがられる。

　服やおもちゃ、学用品などは基本的に長女、次女のおさがりをもらってきたので、どんな状況に置かれても不平や不満を言わないタイプが多い。ただ、要求や意見は遠慮なく口にするし、かけひきも巧妙で、要求や意見を通すのも上手だ。しかも、周囲に反感をもたれることも少ない。

　母親や姉にテキパキと行動するよう、しつけられているためか、部下やフォロワーとしても有能で、決断力や行動力もあり、いざというときや必要なときにはリーダーシップもとれる。組織人としては申し分ない。

●「お姉ちゃん子」になりやすい

　半面、寂しがりやで「お姉ちゃん子」になりやすい。小さいころから母親に代わって長女や次女が面倒を見てきたので、**姉が保護者・避難所のような役目**を担っている。何か問題や悩みごとがあるときは必ず姉のもとへ戻ってくる。万が一、姉と対立したり、疎遠になったりすると、心のよりどころを失い、途方にくれる。

　母親から見ると、三女はいつまでも子ども。何かをお願いするときなどは、長女に話をもっていきがちである。

> 三女は人間関係づくりがうまく、コミュニケーション能力に長けている。自分の意見や主張はハッキリいい、周囲を自分にとって都合のいい環境につくり変えようとする。

幸せ

意　味	幸運に恵まれて心が満ち足りていること
類義語	幸福／ハッピー／歓喜／喜び／喜悦／快感
使い方	最近、幸せを感じることがない

幸せには生活や人生全般に充足感・満足感をおぼえるレベルから、ちょっとした「いいこと」があり、嬉しさを感じるレベルまで、さまざまなものがある。就職、結婚、出産などのライフイベントは一時的な幸福感を与えてくれるだろう。

もっとも、幸せと感じるかどうかは主観の問題なので、同じことで幸せになるかどうかは人による。周囲からは恵まれていないように見えても幸せな人もいれば、恵まれた環境にいるのに、不幸せな人もいる。

概して自己評価の低い女性は、**恵まれていても心からは幸せな気持ちになれない**。自己評価が低いとよい環境や状況を素直に受け止めることができず、逆に不安になってしまったりする。不幸せな状況こそ、自分にお似合いだと考え、無意識のうちに不幸になるような選択をしてしまうことすらある。自己評価が高ければそれが即座に幸せに結びつくというわけではないが、自己評価の高さは、幸せになろうとする原動力になる。

●自己評価が低いと助言やアドバイスを受け入れにくい

ここで言うところの自己評価の高さというのは、**自分自身が自分の人生において、どれだけ自分を認めているか**ということを意味する。社会的な成功や名声が必ずしも幸福につながるとは限らない。

自己評価の高い人は、自分を心から認めることができるので、他者に対しても寛容でいられる。そのために、他者の意見やアドバイスに耳を傾けることができる。一方、自己評価の低い人は、自分に自信がないにもかかわらず、それも認めようとしないために、人のアドバイスや意見を拒否する傾向になる。あるいは、自己評価が低くても依存性の強い人は、周囲に流されて、人の言いなりになる傾向がある。

> 自己評価の高い女性は何かあっても幸せだと感じやすく、自己評価の低い女性は、かなり恵まれていても自分は不幸だと思っている。環境に幸せを求めるより、自己評価を高める努力をすべき。

ミニコラム　他者中心と自分中心

「自分中心心理学」では、自分の気持ちや感覚よりも、外側（他者）を基準にしてしまう考えを「他者中心」と呼んでいます。まわりの目を常に気にしていたり、他人の顔色をうかがうなど、他者や社会の価値観を基準にして物事を捉えるのです。一方で、自分を基準にして自分の気持ちや欲求、感情を大切にすることを「自分中心」と呼んでいます。

次女(じじょ)

意味	長女に続く二番目の娘
類義語	二女
使い方	次女は長女をライバル視しがち

次女にとって長女は、お手本でもあり、ライバルでもある。性格は正反対になりやすい。母親も父親も長女は、初めての女の子とあって、厳しく育てるため、まじめで堅実、保守的な性格に育ちがちなのに対し、次女には、それほど厳しく接しない。自由放任主義といってもよい養育スタイルをとるときもある。

結果的に次女は周囲の視線や評価を、あまり気にせず、**自由奔放でマイペース、自分の意志をしっかりもった女性に育つ傾向**にある。小説や映画、マンガに登場する次女も、そうした性格で描かれることが多い。

●就職すると、家を出て独立することが多い

ただし、小さい頃は長女を、お手本として懸命にマネしようとする。そばにいて姉のやることを見ているので、長女がピアノを習っていれば自分も習いたいと言い、姉が好きなものを自分も好むようになる。

同じことをすると常に長女に比べられる。姉が優秀だと、劣等コンプレックスを抱きやすい。親や身近な人間から「お姉ちゃんは上手なのに、この子はダメねえ」といわれるので、徐々に長女とは違う方向性をもつようになる。

自立心旺盛なので、学校を卒業して就職すると、家を出て独立することが多い。**コミュニケーション能力が高く、人間関係づくりも上手**なので、仕事でもプライベートでも成功しやすい。両親からは長女ほど、かまってもらっていないことも多く、両親への思いは長女に比べてそれほど強くない。実家に寄りつかなくなることもある。

長女と次女の性格は正反対になりやすい。次女はコミュニケーション能力が高く、人間関係づくりも上手で、仕事でもプライベートでも成功しやすい。

自意識過剰（じいしきかじょう）

意味	他人から、どのように見られているかを気にしすぎている状態
類義語	羞恥心／恥じらい／承認欲求／喝采願望
使い方	あの人は自意識過剰

　自意識（自己意識）には、**私的自己意識と公的自己意識**がある。他人からどのように見られているのかが気になる公的自己意識が強くなりすぎると、恥をかきたくないあまり、人前でスピーチしたり、初対面の人と会ったり、会議などで自分から発言することが苦手になりやすい。そのくせ他者承認欲求も強く、スピーチをほめられ、プロジェクトを成功させて賞賛を浴びたいとも思っている。したがって、理想と現実（自分の能力・スキル）のギャップに悩むことになる。また、私的自己意識とは、自己の内面的・個人的側面に注意を向けることをいう。

　初対面の人と会う際は「相手の目を見て話す」といった小さな目標を立て、それができればよしとする。その**繰り返しが自信につながっていく**。

> 自意識過剰は恥をかきたくないあまり、積極的な行動ができなくなる。自分に対するハードルを上げず、小さな目標を立てて実行できたら自分を褒めよう。

自尊感情（じそんかんじょう）

意味	自分を高く評価し、尊敬されるべき人間だと思う感情のこと
類義語	自尊心／自負／プライド／誇り／気位／矜持／思い上がり
場面	人前に立ち、注目されるとき

　自尊感情（自尊心）が強い人は人前でスピーチしたり、プロジェクトでリーダーシップをとったりすることに特にプレッシャーを感じない。**他者承認欲求が強く、周囲から褒められることに喜びを感じる**ので、むしろ積極的に手をあげる。不安や緊張がないわけではないが、目標達成意欲が高く、プロジェクトを成功させて拍手喝采を浴びることが多い。ただ、この自尊感情は、自分が自分を価値ある人間だと認めているというよりは、他者に認めてもらって初めて、自分を認められるというふうに、どうしても**自尊感情の満足を他者に依存**したり要求したりしてしまいがちである。その心の姿勢が尊大な印象を与え、周囲からは傲慢な人とみられやすい。ここが、根底にある自信のなさのあらわれである。

> 自尊感情が強い人は自信満々で、プレッシャーのかかる場面も苦にしない。傲慢と見られがちなので、謙虚なふるまいと他者との協調を忘れないこと。

嫉妬(しっと)

意　味	他人が自分より恵まれていると感じ、恨んだり、妬(ねた)んだりすること
類義語	妬み／やっかみ／羨望／ジェラシー
使い方	友だちの成功に嫉妬する

自分と同じレベル、あるいは下のレベルにあると思っている人が自分より高い地位を獲得したり、自分より幸福になったり、何かを成し遂げたりすると嫉妬心が生まれやすい。嫉妬する気持ちを抱くこと自体は悪いことではないが、概して憎しみや怒りの感情を伴っており、嫉妬対象に対する**批判、悪口、皮肉、嫌味**などを口にすることが多い。場合によっては足を引っ張ったり、悪い噂などを流して失脚させようとしたりして相手を引きずり下ろそうとする。

嫉妬は「平均化を求める感情」だが、やっかいなのは嫉妬対象の位置に自分を高めようとするのではなく、相手を自分の位置に落とそうとすることだ。誰にとってもプラスにならない。嫉妬対象と自分の違いを冷静に分析し、自分に何が足りないかがわかったら、**弱点を補い、長所を伸ばす**ように心がけることだ。他の人にない、確固とした長所や強みをもった人は他者に嫉妬することが少なくなる。

●マイペースな生き方を確立する

恋をしている女性は嫉妬にかられやすい。自分が好意をもっている相手が別の人を好きになると、その人に対する嫉妬の炎が燃え盛る。そこまでいかなくても、相手が別の人と普通に話をしているだけでも、いてもたってもいられない気持ちになる。嫉妬心をなくすことは難しいが、嫉妬することは恋愛相手や別の人によって自分の人生が振り回されていることを意味する。「他人は他人。私は私」という、**他人に振り回されないマイペースな生き方**を確立することが大事だ。

> 嫉妬する気持ちを抱くこと自体は悪いことではないが、場合によっては相手の足を引っ張る行動に出る場合も。嫉妬しやすい人は自分のスキルアップを図り、「これだけは負けない」という強みをもつこと。

ミニコラム　嫉妬と独占欲

辞書によると、嫉妬とは「自分より恵まれていたり優れていたりする者を、うらみ妬むこと。また、自分の愛する者が他へ愛情を向けるのを、恨み憎むこと」とあります。一方の独占は「独り占めすること」とあります。嫉妬は独占欲に結びつきやすく、自分だけでなく相手の行動を縛るやっかいなものといえます。

独占欲を解消するためには、自分の行動を紙に書き出し、その行動を起こしたらどのような結果になるのか予想します。それが相手の迷惑になったり、貶(おと)めることであったりするのであれば、踏みとどまるよう、自分に言い聞かせましょう。

自撮り

意　味	「自分撮り」の略。自分で自分を撮影し、SNSなどに載せること
類義語	セルフィー／記念写真
場　所	旅行先／パーティー／イベント

自撮りを頻繁すぎるほどひっきりなしにSNSにアップする人には、いくつかのタイプがある。ひとつ目は**自己顕示欲や他者承認欲求が強いタイプ**で、人から褒められたり、認められたりしたいと切望している。普段の行動も目立ちたがりやで、周囲の視線を意識したふるまいをしがちだ。二つ目は**自己愛が強いタイプ**。一緒に写す友だちや有名観光地、スイーツも自分を輝かせるための舞台装置にすぎない。他人には興味がなく、それを公言していて、周囲もそのように認めていることが多い。三つ目は**自撮り依存**ともいうべきタイプ。自分を撮り、それをSNSにアップすることを最優先してしまう。他のことがおろそかになり、生活に支障が出ている人も少なくない。過度な場合は注意が必要だ。

> 自撮りは自己顕示欲や他者承認欲求、自己愛が強いタイプがあり、過度に依存している場合は注意が必要。

自分の話しかしない

意　味	二人で話すときも、大勢で話すときも、自分のことしか話さない
類義語	自分大好き／自己顕示欲／他者承認欲求／自己中心
場　面	二人、または大勢で食事をしているとき

自分の話しかしない人は**他者承認欲求が強い**。他者承認欲求とは他者から自分が価値のある存在だと認められたい欲求のこと。こういうタイプは時と場所をわきまえず、仕事の場や、さほど親しくない人との場でも自分のことばかり話し、相手に敬遠される。発信しているメッセージは共通して「私は、すごいんです。だから私を認めてください」ということだけ。自分を認められない人が陥りやすい。

　会話やコミュニケーションは言葉のキャッチボールなので、相手の言葉にも耳を傾ける必要がある。本当に相手に認めてもらうには、**「自分話ばかりしていては自分が評価されることはない」**と冷静かつ合理的に判断し、会話に臨むべきだ。むしろ、自分が自分を認める自己承認を心掛けたい。

> 自分の話しかしない人は他者承認欲求が強いが、周囲に認められることはない。自分の会話を見直し、自己承認を心掛ける。

自分へのご褒美

意　味	自分の努力や苦労を物品でねぎらうこと
類義語	自賛／自分上げ
使い方	自分へのご褒美としてバッグを買った

SNSなどで「自分へのご褒美」という言葉はよく使われる。理由は三つ。ひとつ目は、例えばダイエット中にもかかわらず、有名な高級スイーツを食べた場合、自分の行動に矛盾が生じる(認知的不協和)。この矛盾を心の中で解消するために「頑張った自分へのご褒美」として、スイーツに舌鼓を打ったと考えるのだ。二つ目はSNSなどの読者に向けてのもの。普段は、こんな高級スイーツを口にすることはないが、今日は特別に頑張っている自分へのご褒美としてスイーツを食べたということを伝えている。嫉妬や攻撃的感情から身を守るための作戦だ。三つ目はスイーツを食べることも含めてストレスやプレッシャーをはねのける解消法のひとつとも考えられる。これらを叶えるため、自分へのご褒美が存在する。

> 「自分へのご褒美」という言葉が使われる理由は、認知的不協和の解消、嫉妬や攻撃的感情から身を守る作戦、ストレス解消法と考えられる。

自慢

意　味	自分の能力や成績、持ち物、親族などを優位的に語ること
類義語	自画自賛／おごり／尊大／思い上がり／うぬぼれ
使い方	また自慢話をしている

自慢話ばかりしている人は自己顕示欲や他者承認欲求が強く、始終「私のことを評価してください」「私に注目してください」と絶叫しているようなもの。「自分が」「私が」ばかりで、他人の気持ちを慮ることはない。場合によって、自分は何でもできるという偽りの自己万能感を持ち、周囲を見下すようになる。よい人間関係をつくるのは難しく、意図とは裏腹に周囲から認められたり、評価されたりすることはない。長い目で見れば大半の人は離れていく。職場などで物理的に離れられない場合でも、周囲は心理的な距離を置こうとするだろう。

　自分の話ばかりになってしまう、という人は要注意。自慢話になっている可能性もある。まわりの人の話にも耳を傾けよう。

> 自己顕示欲や他者承認欲求が強く、よい人間関係をつくるのに苦労する。自慢話は、ほどほどにして他人の話にも耳を傾けたい。

地元の友だち

意味	生まれ育った地域の友人
類義語	幼なじみ／学校の友だち
場所	小中高を過ごした地元

都市部の大学へ入学すると、高校時代までの友だちとは縁が切れやすい。大学時代は帰省するたびに会っていたとしても、就職すると多忙になり、会社の上司や同僚などとの人間関係も増え、帰省は難しくなる。ただ、**地元の友だちとは細々とでもいいから、人間関係を続けるといい**。小さい頃から一緒に育ってきただけに、短所や過去の恋愛も含めて自分のいろいろなことを知っているし、長期間会っていなくても、いつでも受け入れてくれる。失恋や仕事での大きな失敗、トラブルなどがあったときに戻っていける場所でもあり、直接的な利害関係はないから、**客観的な助言・アドバイスをもらえる存在**である。地元の友だちに会うことで、気持ちも昔に戻ることができる。ストレスを抱えたときなどに一度会うのもよいだろう。

> 大人になってからは、高校時代までの友だちのように、何でも話せる友人は得難い。細々とでもいいから人間関係を続けたい。

社宅

意味	会社が従業員のために用意した住居
類義語	借り上げ／社員宿舎／寮
場所	就職先で用意された住居／結婚後に夫の仕事で住むことになった場所

社宅は企業が福利厚生の一環として従業員のために用意した住宅のこと。社宅のメリットとして、家賃が安い、通勤に便利、同じ企業に勤めているので住民の生活水準が似ている、問題が発生しても解決しやすいなどが挙げられる。一方、デメリットとしては社宅ならではの行事や決まりごとに従わなければいけない、最低限の近所付き合いは避けられない、もめごとやトラブルの原因となったとき会社にいづらくなるといったものがある。上司・部下の関係が会社を出てからも続くといったこともある。

しかし、近年は社宅のある会社も多くはない。また、共働きの世帯が増えたため、濃密な人間関係は生じにくくなった。**心理的な距離を保ち、不用意に相手の領域に侵入しなければ**、もめごとやトラブルは避けられる。

> 社宅には家賃が安い、通勤に便利、生活水準が似ているといったメリットもあるが、行事や決まりごとに従わなければいけないなどのデメリットもある。

姑 <small>しゅうとめ</small>

意 味	配偶者(夫)の母親
類義語	義母／義理の母／夫の母親
使い方	「舅はいい人なんだけど姑がね」

姑との関係に悩んでいる女性は多い。昔は家のしきたりや家風、地域の風俗、冠婚葬祭のやり方、家族内での上下関係をもち出して嫁にプレッシャーをかける姑が目立った。近年の嫁姑問題は**価値観の違い**に根ざしていることが多い。

　生まれた地域や年齢、経験、子育てのスタイルなどが違うのだから、価値観が違うことは多い。一方(姑)が、もう一方(嫁)に自分の価値観を押しつけることから、あつれきが生じる。姑は自分の価値観に従わない女性を「ダメな嫁」と判断し、嫁は価値観を押しつける姑を、うとましく思う。

　長い付き合いになるのだから、嫁としては姑と仲良くなりたい。そのためには姑の言葉や行動に一喜一憂しないようにすることだ。相手も気分で話していることが多いので、いちいち気にしていては身がもたない。もっと「姑は姑、自分は自分」と割り切った考え方をもって、相手の感情に、無闇に乗っていかないことだ。

　姑に何か頼みごとをするというのも一法。アメリカの心理学者ジェッカーとランディは「人を助けると助けた相手を好きになること」を実験で証明した。嫌いな姑に頼みごとをするのは抵抗があるだろうが、「子ども(姑にとっては孫)の面倒を見てほしい」といったことを頼んでいるうちに、関係性が変わるかもしれない。また、夫や舅をほどよく頼りにするのは良いけれども、嫁姑の問題に彼らを巻き込むと、いっそう関係が悪化すると知っておきたい。

●最近の姑から見た嫁とは

　一方で、姑も嫁に対して思っていることがある。例えば、家事を手伝ったり、孫を預かったりしているのにお礼のひとつもないといった不満や、嫁が「孫に会いたいのならこれをして」などと要求をしてくるケースもある。**嫁、姑という立場(レッテル貼り)の関係**だからこそ難しいという面もある。

> 嫁から姑への不満もあれば、姑から嫁への不満もある。夫や舅をほどよく頼りにするのは良いけれども、嫁姑の問題は、時には率直に自分の気持ちを伝えるべきときもある。

正月（しょうがつ）

意味	1月のこと。狭い意味では年始の休みを指す
関連語	お盆／帰省／お節
場面	年末年始／1月1日

正月には嫁姑問題が顕在化しやすい。普段は顔を合わせなくても、年末年始ともなれば夫の実家に帰省し、数日過ごすこともある。その際、家の中でどのようにふるまうかが問題になるのだ。

進んでキッチンに立とうとすると、姑にとっては自分の**縄張りである場所**に踏み込まれることになるのでイヤな思いをする。かといって何もせずに座っているだけでは、姑だけが働かされていることになり、それも角が立つ。

同じことはお盆休みにも起きやすい。特に地方にいくほど、大人数の親戚が集まることなどがあり、料理の準備・片付けなども含めて仕事が増える。まずはどうしたらいいか、コミュニケーションをとるところから始めたい。

> 一緒に住んでいなくても、嫁姑が顔を合わせることになるのが正月。数日間をどうしたらうまく過ごせるのか、互いに話し合えるかがポイント。

上司（じょうし）（女性の上司／じょせいのじょうし）

意味	組織・チームで自分より地位が上で、自分を監督・指導している人のこと
類義語	リーダー／格上／管理職／役職者／先輩
使い方	彼女は上司の扱い方が上手

上司の性格によって接し方は変わるので、まずは**女性上司の性格や行動パターン**を見ておくことだ。上司が明朗で外向的なタイプなら、彼女は何ごとにも積極的で、決断するときも周囲の意見をよく聞く。こういう上司には素の自分を出して正直に対応していけばいい。背伸びしたり、嘘を言ったりする必要はない。一方、考え深く内向的なタイプなら、彼女は自分や自分のチームをアピールするのが苦手だが、我慢強く、少々のことでもへこたれない。このタイプの上司に意見や提案をするときは、きちんと根拠を示して論理的に説明する必要がある。

女性上司の場合、女性部下にとっては**相談しやすい**ことも。また、同性であることから、数年後の自分といった将来的な目標となる可能性もある。

> まずは上司の性格や行動パターンを見極めたい。女性同士だから話しやすい、ということもあるので、うまく付き合っていきたい。

意　味	女性だけで集まり、飲食やおしゃべりをして盛り上がる会
類義語	女子呑み／ガールズトーク／本音トーク
場　所	居酒屋／カフェ／バー／カラオケボックス／レストラン／自宅

「女子(じょし)」とは、もともと「男子(だんし)」に対応した言葉で、「女子更衣室」や「女子トイレ」のように、老若の別なく女性一般を指すときに用いられてきた。それが後に、男性によって与えられてきた女性のイメージに染まっていない呼び名として使われるようになったのが90年代以降。当然のことながら、この呼び名を積極的に用いるのは当の女性たちである。

●年齢に関係なく学生気分で盛り上がれる

　したがって、その「女子」に「会」と付けた場合、それは女性だけで集まる会合のことを意味する。女性一般を指すことができる一方で、使用頻度からいえば主に学校在学中に用いられてきた言葉でもあったため、**実際の年齢がいくつであっても学生気分に戻れるという点も、浸透した理由としてきわめて重要**といえるだろう。

　「女子会やらない？」と言えば、大体「女子だけで盛り上がらない？」という意味合いとなり、そこにアルコールなどが入れば、男性の前では憚(はばか)られる恋愛話や、時には性的にきわどい話なども飛び交うのが通例とされている。それが、男性中心の社会で日頃窮屈な思いをしている女子たちにとって、格好のストレス発散になる場合があるのも事実だ。

●話題選びは慎重に

　ただし、「女子会といえば、男性に聞かせられない下ネタが飛び交う場」という紋切り型のイメージを快く思わない女性も当然のことながら少なくない。また、「女子」あるいは「女子会」という言葉を、前述したような理由から積極的に使いたがる女性一般の心理そのものを快く思わない女性も中にはいる。

　いまやすっかり浸透した感のある「女子会」なる言葉だが、こうした事情もあって、女子会を催す場合には、**参加者のパーソナリティを考慮して話題やお店を選ぶほか、メンバーの人選そのものにも気をつかう必要がある**。

> 女子会は女性ならではの悩みや疑問を共有し合える貴重な場。それだけに関心事がズレないよう、参加者の人選や会場選びには工夫が必要だ。

女子校
じょしこう

意味	女子だけを入学対象とした中学校または高等学校
類義語	女学校／女子中／女子高／女の園
使い方	「私、女子校出身だから!」

　女子校とは、女子中学校と女子高等学校の総称だが、日本では圧倒的多数が私学で、その他は難関国立の女子校がいくつか。中高一貫校も多いため、6年間女子校育ちという人も珍しくはない。その中の何割かは、さらに女子大へと進み、約10年間、女子だけで学園生活を営む場合もある。

　いずれにしても、わざわざ受験したり高い学費を払ったりする以上、裕福で気位の高い家庭に育った子女であろうというイメージがあるものの、世間でいわれているようなスクールカーストはそれほど顕著ではない。入学条件は一緒なので、そこでの差異は発生しにくい。

●女子同士の結束は固い

　むしろ、際立っているのは、家族以外の男性と接する機会が極端に少ないまま多感な時代を過ごした点である。もとより女子には小グループをつくる傾向がある。それが女子校なら、なおさらその傾向を強くする。さらに、異性の目を意識する必要がないから無理に女性らしくふるまおうとも考えない。女子校出身者同士であれば、そのあたりの事情が了解されているため、気取りのない、さっぱりとした友好関係を保つ可能性が高いだろう。恋愛に興味はあるが、それ以上に同性の友情を心地よいと感じてしまうなど「女子校あるある」で盛り上がったりもする。

●よくも悪くも無邪気で初心

　共学出身女子の目には、そんな女子校育ちが一風変わった存在として映るかもしれない。といって、全国の女子校率を考えたら、それほど珍しい存在というわけではないため、無邪気でちょっと初心な性格の女子が身近にいたとしても、「私、女子校出身だから!」と言われれば、それで容易に納得がいったりする。

> 女子校ノリに居心地のよさを感じすぎるとグループに浸り恋愛がおろそかになるので、デメリットに対する自覚もしておく必要はある。

女子力

じょしりょく

意 味	女性的な魅力
類義語	女ぶり／女の魅力／フェミニン
使い方	「あの人は女子力高いよね〜」

女子力は女性としての魅力を測る一種の指針として使われる言葉だが、ファッション系のメディアなどではもっぱらハイセンスな美意識の高さといった、外面の魅力に比重が置かれている。若い女性がこの言葉に敏感なのは、この力が高いほど就職活動や婚活が有利になるという直接・間接の経験があるためだ。ただし、**あまり異性を意識しすぎた女子力は、外面に重きを置いていることと相まって、ときに同性からの冷ややかな視線にさらされかねない**。同性からも支持される女子力は、内面と外面がほどよく調和した女性らしさである。キレイに着飾れば着飾るほど、ちょっとした言葉遣いや仕草などに現われるその違和感がかえって周囲の注目を集めるという現実を、しっかりと受け止めるべきである。

> 女子力が高いかどうかは、あくまで他人が評価すること。自ら女子力の高さをアピールするのはかえって逆効果である。

知らんぷり

し

意 味	知っていながら意図的に知らない素振りをする様
類義語	見て見ぬふり／責任逃れ／無視／素知らぬ顔／自己保身
場 面	仲間や友人が困っているとき

同僚が仕事でミスをした、誰かの不正を偶然見てしまった……といったときなどに、知らんぷりをする人が少なくない。余計な関わりをもつことで、自分に責任が降りかかってくるのはイヤだし、正義感を振りかざして誰かから恨まれるのも怖い。そういう事態を恐れて、無関心な態度でその場をやり過ごそうとする。それは、そんな事態に直面したとき、自分が知らないことはできない。だから目をつぶるというふうに、対処能力がないからだ。

もっとも、同僚の問題に首を突っ込んで、自分を犠牲にしてまで矢面に立つ必要はない。あくまでもそれはその同僚の問題として捉え、まずは、**自分の身を脅かさない範囲で手助けする勇気を育てていきたいものである**。

> 露骨な知らんぷりは、周囲からの信用を失う。時には勇気をもって手を差し伸べるほうが、自己保身の考え方からも理にかなっている。

知(し)り合(あ)い

意味	互いに相手を知っていること。またその相手
類義語	知人／顔見知り／関係者／ただの友だち
使い方	「あの人は友だちじゃなくてただの知り合い」

「知り合い」とは、文字通り、お互いに話をしたことがある程度には知っているが、恋人や友だちというほど親しい関係ではない場合に使う言葉。だが、こういう存在が自分の身の回りにどれだけいるかが、**恋人や友だちとの交際の幅にも大きく影響してくる**。その意味では、こちらもきわめて大切な存在といえる。どんなに親しい間柄も、初めから恋人や友だちであることが約束されているわけではない。挨拶を交わし、少しずつ打ち解けていくなど、かならず知り合いという段階を経ている。また、そこまでの関係に発展しなくても、知り合いの存在がきっかけで、恋人と出会う可能性が生まれるかもしれない。モテないとか、友だちが少ないとか嘆いている人は、知り合いという存在を軽視していることが原因として十分に考えられる。

> どんな人間関係もまずは知り合いから。モテたい、恋人が欲しいという人は、その前にまず知り合いをたくさんつくることから始めよう。

シングルマザー

意味	ひとりで育児をしている女性
類義語	未婚の母／ひとり親
使い方	シングルマザーとして生きていく決心をする

女性が子どもをひとりで育てよう、という覚悟をもつのは大変なことだ。特に親や周囲の助けがない場合は、働きながら子育てをするのは容易ではない。夫と死別した人、離婚した人、未婚のままシングルを選択した人……さまざまな事情があるなかで、子どもを育てるという点において、悩むことも多いだろう。ひとつに、自分がシングルマザーであるということをママ友（たち）に伝えるタイミングがある。浅いママ友関係なら、わざわざ言う必要もないということもあるが、伝えて良好な関係を築いておくと、**いざというときに親身になってもらえる**。噂好きの人たちが「シングルマザー」というだけで偏見をもっていたとしても、相手にしないことだ。**子どものことを第一に考え、そのために最善を尽くせばいい。**

> ひとりで子どもを育てるという覚悟は相当なもの。人にはさまざまな事情があるなか、相手といい関係を築き合いたい。

心友（しんゆう）

意　味	心を許し合っている友人
類義語	親友／信友
使い方	「私たち唯一の心友だよね！」

「心友」は、古くからある言葉として辞書にもちゃんと載っている。ただし、現代では小中高生を中心に、「親友」と「心友」とで意味を使い分ける風潮がみられる。ほかに「信友」などもあり、こちらは造語。**いずれも「しんゆう」と読ませるが、当てる文字によって友だちの序列をつけるのが、使い分ける際のポイントである。**

　結論からいえば「心友」は**心を許し合っている友人**という意味で、「親友」よりももっと上位にランクされる友人ということになる。「親友」は、子どものころから「私たちって親友だよね」などと気軽に言い合ってきたため、それこそ「ただの親しい友人」というニュアンスで、言われたほうもそれほど喜べない。「心友」よりさらに序列が上なのは、信頼できる友だちという意味の「信友」だ。

> 誰でも友だちとの関係に序列をつけるが、言葉ではっきり定義すると角が立つ。あくまで心の中で使い分けるのがいい。

親友（しんゆう）

意　味	親しい友だち
類義語	心友
使い方	「あなたのことは親友だと思っていたのに」

「心友」の項でも解説したように、「親友」は「親しい友だち」という意味である。したがって本来は、「あなたは私の親友よ」と言われたら喜ぶべきところだ。しかし、長年使われ続けることで、次第に重みのない言葉となってしまった。ちょっとでも親しければ「親友」のカテゴリーに入れられてしまうので、それ以上に気心の知れた友人を、別の言葉で定義する必要に迫られたのである。それが、「心友」であり「信友」だ。

友人がメールやLINEで「あなたのことは親友だと思っている」と書いて送ってきたら、その人が「親友」をどのように定義しているかは気になるところである。そもそも、本当に気心の知れた友人に対し、改めて「親友」などと書いて寄こす必要などない、ということも併せて覚えておくといい。

> 「親友」という言葉をやたらと連発する人がいたら要注意。親しい友だちだとは思っているが、心までは許していないという意味かもしれない。

ずっ友(とも)

意味	「ずっと友だち」を縮めたもの
類義語	仲良し
使い方	「リツイートしてくれたら、ずっ友だよ!」

2000年代前半から使用され始めたといわれているギャル語。爆発的に拡がったのは2012年のことで、太宰治の小説『走れメロス』をギャル語にアレンジしたパロディ作品がツイッターに投稿されたのがきっかけだった。

その後、中高生のギャルっぽい女の子たちの間で、プリクラを撮った後に「ずっ友」と書き込むことが流行した。**若者は、こうした自分たちの中だけで通じる言葉を作り出すことが多く、その言葉を使うこと自体が、仲間意識を確認し合うためのサインとなっている**。しかし、あくまで若者言葉であり、一定の年代を過ぎるとあまり使わなくなるのが普通だ。逆に、いつまでもこうした若者言葉を使って会話する人がいたとしたら、精神的に大人になり切れず、過去の人間関係にいつまでも囚(とら)われているのかもしれない。

> 「ずっ友」は若者言葉であり、ノリで使うもの。親しくなるきっかけは作れるかもしれないが、本当の友だちになれるかどうかはその後の関係次第だ。

ストレス発散(はっさん)

意味	ストレスが溜まったと感じたときの一対処法
類義語	ストレス解消／ストレスを溜めない／イライラ解消
場所	飲食店／カラオケボックス／スポーツクラブ／趣味のサークル

ストレスが溜まったとき、それをどのように発散するかについては、男女ではっきりと違いが現れる。**男性は運動と飲酒でストレスを解消する傾向があるのに対し、女性は、友人とのおしゃべりや食事で解消することが多い**。食事もひとりでするより、友人とワイワイやりながら食べるのを好むことから、女性は全般的に人とコミュニケーションを図ることでストレスを解消する傾向にあることがわかる。

そもそも、男性はストレスを解消するより我慢するほうを選ぶ割合が、女性よりも高いといわれている。言い換えれば、女性はストレスを解消するのがうまいのだ。ストレスが高じると重大な病気を引き起こす恐れもあるので、自分に合ったストレス発散法を見つけておくことは大切だ。

> 人とコミュニケーションを図ることでストレスを発散するのが女性の特徴。その特徴を上手に活かせば心身の重大な疾患も予防できる。

ずぼら

意　味	行動や性格がだらしない。またはそのような人
類義語	横着／面倒くさがり
場　面	山のような洗濯物を前にしたとき

ずぼらな性格の根底にあるのは「面倒くさい」という心理である。それが日常生活や仕事では整理整頓ができないことにつながり、人間関係では時間にルーズだったりSNSが苦手で長続きしなかったりといったことにつながっていく。こういう人は、逆に、かなり神経質な面をもっている。過剰に人の反応を気にしたり、人の言動に過敏になったりしている。そのために、頭の中は思考で満杯で、思考によって起こるさまざまなネガティブな感情に溺れてしまい、収拾がつかない状態になっている。つまり思考で**心身共にヘトヘトに疲労困憊している状態**だ。疲れ果ててしまえば、すべてを放棄したくなるのは無理もない。それでいて、心の中では自分を責めてばかりいる。そうやって動けない状態になっていることが、人から見たら、ずぼらのように映るということなのだ。

> せめてひとつだけでも、楽しいことを見つけて、それをすることで、満足するというポジティブな感情を感じる感覚を育てることから始めたい。

整形（せいけい）

意　味	美意識に基づく容姿の改善を目的とした臨床医学
類義語	美容外科／アンチエイジング／美顔
場　面	自己の容姿にコンプレックスを感じたとき

容姿にコンプレックスをもっている人の多くは、まずダイエットやメイクにハマる。それでも満足できない人の一部は、美容整形にハマっていく。プチ整形で周囲から「最近キレイになったね」と評価されれば承認欲求が満たされるが、**それが精神的に強い快感を引き起こせば、さらに快感を得ようと、どんどんエスカレートしていく恐れも**。

美しくなることでポジティブに前向きな人生を送れるようになるのであれば好ましいことである。ただし、美しくなるという本来の目的から外れ、整形を繰り返すようであれば、それは心の問題かもしれないと気づく必要があるだろう。整形を施した女性同士が大っぴらに体験を共有し合える空気も世間にはないので、その孤独感も、自己満足の世界に走らせる原因となる。

> 自己満足にしか終わらない過度な整形術はエスカレートする可能性もあるので、カウンセリングを受けるなどの対処をすべきである。

絶交
ぜっこう

意味	交友関係の付き合いを絶つ
類義語	別離／絶縁／仲たがい
場面	同じクラスの子とケンカしたとき

絶交とは、関係を絶つという意味で、「疎遠」との違いは相手にもわかるほど明確な態度をとることだ。電話に出ない。LINEやメールは削除したり着信拒否に設定したりする。それだけやれば、相手にもこちらの意思が伝わらないはずがない。きっぱりと絶交の意思表示をする人は、**「白か黒か」という極端な発想をしている**。自分にメリットがない相手とは付き合わないし、それをはっきり態度で表すほどの気性をもっている。それが功を奏することもあるけれども、相手をひどく傷つけて、自分のやったことがブーメランのように返ってきて、徹底的なダメージを受けるということもある。

きっぱりした決断をできるのは好ましいことだが、**相手に対して共感の心をもって、もっと柔軟な心を育てていかないと**、どこかで足元をすくわれることになるだろう。

> 極端な言動は問題をかえってこじらせる。日頃から、物事をもっと丁寧に、かつ早いうちに取り組んで対処する能力を育てていこう。

セレブ

意味	優雅でお金持ちな人
類義語	有名人／著名人／名士／スター／大物
使い方	タワマンに住んでいるセレブ妻

セレブとはセレブリティの略で、本来の意味は「大衆に注目されている著名人」だ。それが日本では、「メディアに登場する人＝お金持ち」という連想から、やがて一般人の中でも裕福で優雅な人のことも「セレブ」と呼ぶようになった。**セレブを自認する人は、その価値観に基づいてライフスタイルを作り上げているので、交友関係も自然とセレブ同士の付き合いが中心となる**。子どもを有名私立幼稚園に入園させれば、他の保護者たちもみんなセレブだし、タワマンに入居すれば近隣の住民たちもセレブである。港区のランチやネイルサロン、ヨガ教室などもしかり。同じ価値観を共有する者同士の人間関係は一見穏やかだが、しかし、その関係の中にも微妙な見栄の張り合いはある。その人が本物のセレブであるかどうかの真価が問われる部分でもあるだろう。

> 見栄のためにセレブらしくふるまうと、どこかに無理が生じてくるもの。交友関係を広げることで、柔軟な価値観を身につけるようにしたい。

120

専業主婦（せんぎょうしゅふ）

意味	結婚して家事や育児に専念している女性
類義語	主婦／奥さん／マダム
使い方	専業主婦が全員勝ち組とはかぎらない

厳密な意味での「専業主婦」とは、家庭外の職場などから収入を得ず、夫の所得を日々の糧に家庭を切り盛りする女性のことである。女性の社会進出が当たり前になった現代でも、男性との経済格差や目に見えぬ差別は未だ厳然と残っている。そんな社会で生きていくことに疲れた女性たちの中で、再び専業主婦願望が高まっていったのも無理のないことかもしれない。しかし、頼るべき夫のほうも景気の低迷で収入が頭打ち。**家のローンや子ども学費などの負担を少しでも減らそうと**、パートで働く人も多く、**厳密な意味での専業主婦はいまや珍しくなってきている**といっても過言ではない。

また、ライフスタイルが異なるため、同じ既婚者子持ちであっても、専業主婦と共働きでは話が合わないこともある。

> 近年、専業主婦願望が高まっている傾向がある。配偶者次第で、人生設計が大きく変わる可能性もある。

先輩（せんぱい）

意味	学年や年齢、経験年数が上の人
類義語	先達／先駆者／目上／お局様（つぼね）
場面	仕事／学校

大人になっても先輩という存在はつきまとう。職場の先輩、先輩ママなど、むしろ学生時代よりも先輩の数と種類は増える。先輩との付き合いが苦手という人は、いま一度、基本に戻ってみる必要があるかもしれない。たしかに相手が先輩だと思うと、物おじしてしまいがちだが、それは逆効果。目上として敬意を払いつつも、挨拶や普段の会話は率直に、きちんとしていたほうが好印象をもたれる。いろんなアドバイスをしてくれる先輩には、その内容が受け入れられるものかどうかはひとまず置いて、アドバイスしてくれたこと自体に感謝の気持ちを表そう。**ただし、先輩とはかならず仲良くしなくてはならないということもない**。場合によっては、プライベートな話は最小限にとどめるなど、適度な関係を保つ必要もある。

> 先輩と上手に付き合うには目上として敬意を払いつつも、適度な距離感を保っていくことが大切。味方につければ心強い存在である。

相談（そうだん）

意味	悩みごとを打ち明けて、解決方法を求める
類義語	打ち明け話／心情吐露／告白
使い方	悩みを相談しやすい相手

「**彼**と結婚しようか迷っている」「今の職場が合わない」など、悩みは尽きないが、それを誰かに打ち明けて相談に乗ってもらう人もいれば、悩んでいる人の相談に乗ってあげる人もいる。**一般に相談されることが多い人は、人の話をただ頷きながら聞いてあげる傾向が強い**。相談を持ち掛ける女性の多くは、相談に乗ってほしいのではなく、ただ話を聞いてほしいと思っていることがある。そのため、誰かに相談ごとを持ち掛けられても、アドバイスをどうするか深刻に考える必要がないことも。そんな相手に対しては**とにかく共感のあいづちを打てばいいのだ**。そうすれば、相談を持ち掛けた側の人も気が済んで、あなたに感謝するだろう。ただし、あまり話しやすい雰囲気をまといすぎると、常に悩み相談を持ち掛けられてうんざりさせられる恐れもあるので注意。

> 誰かに相談に乗ってほしいと思っている人は、心に余裕がないぶん他人の気持ちを推し量れない。相談のタイミングは、相手の都合も考えて。

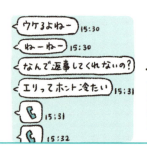

束縛（そくばく）

意味	相手を縛りつけて自由を奪うこと
類義語	支配／征服／足かせ／拘束／監視
場面	相手が自分のそばを離れて行動しようとするとき

束縛する女性がとりがちな行動は、相手の交友関係を制限する、返信があるまで何度も電話をかけまくる、あるいはLINEでメッセージを送り続ける、などである。中には、相手のスケジュールをすべて把握していないと気が済まない、自分以外の友だちと会うのをイヤがる人もいる。

　自立心が育っていないと、相手に依存（→P45）したくなる。それでいて自信がないと相手を信じられない。嫉妬心や猜疑心が生まれるのは、そんな**依存性や自信のなさの表れ**。相手を24時間監視していても一緒にいても、不安が消えることは決してない。時として、相手が自分のことを後回しにすると、**裏切られた気持ちになってショックも大きい**だろう。束縛が強すぎることで相手を失うこともある。

> 誰かを24時間束縛することはできない。束縛する人は、相手のことが信頼できない自分自身をもっと見直してみよう。

卒園式
そつえんしき

意 味	子どもが幼稚園や保育園を満了したことを記念する式典
類義語	卒業式／入園式
使い方	「入学式と卒園式の服どうする？」

卒園式は親にとっても晴れの舞台。親もまだ若く、他者からの評価がことさら気になる年代であるところに、とりわけ**ママ友同士のトラブルの原因が潜んでいる**。卒業アルバムの制作に保護者が参加することも多いが、その際、自分の子どもの写っている写真が少ないとか、他の子がメインの写真を使われたといったことでもめるのはその一例。

　式当日は、さながらママたちのファッションショーの様相を呈することも珍しくない。気合が入るほど滑稽さもまた目に付くことになり、謝恩会や二次会では、そうした諸々が格好の悪口ネタになることもある。もともとは私立幼稚園に多く見られる現象だったが、近年は働くママの増加に伴い、保育園でもその傾向が高まっている。

> 卒園式はあくまで子どもありきのイベント。ママ友間の相対評価ばかり気にせず、保護者としての冷静な対応が必要である。

ダイエット

意 味	美しく減量すること
類義語	エクササイズ／体重管理／栄養管理／食事制限／糖質オフ
場 面	夏の薄着を控えた頃の食事どき

健康への意識はもちろんのこと、女性は選ばれる立場にあったという意識が、必然的に女性を外見的な美の追求へと走らせることになる。まず大切なのは異性との出会いの有無。さしあたり出会いのチャンスを増やすには、内面よりも外面を磨くほうが手っ取り早く、また、マニュアル化もしやすい。本来、男性は少しぽっちゃりした女性が好きだという説もあるが、世の中に氾濫するグラビアや女性ファッション誌に登場するモデルは、たいていスリムでセクシー。**外面を磨くことが、ダイエットとイコール**になるのはそのためだ。しかし、ダイエットは食生活と大きく関わってくる問題なので、周囲の人たちを巻き込む可能性がある。志を同じくするダイエッター同士は共感し、行動をともにしやすいので励まし合って目標を達成できるといい。

> 過度なダイエットは人間関係にも悪い影響を与える。現在の自分（または相手）を認めるようになることも大切。

第六感
だいろっかん

意味	合理的な説明がつかない、鋭い感覚
類義語	勘／霊感／直感／予感
場面	相手の変化を見抜くとき

　第六感とは、五感以外で鋭くものごとを見通したり、人の心を読み取ったりするとされる感覚のこと。存在を証明できないし、ハッキリとした説明もできないが、何となく「こうかな？」と感じたら、それが当たっていたときに第六感が働いた、などという。

　女性が男性よりも第六感が働くのは、女性の脳のほうがコミュニケーションを図る機能に優れているためと考えられる。友人や同僚の身につけているものが変わった、彼の様子がいつもと違う、などのちょっとした変化に気づけるのは、常にコミュニケーションに心を配っているためだ。他人に興味をもつことで、より細かな情報を収集・分析した結果、鋭く勘が働くことになる。自分でさえ気づかない変化に相手は気づくわけだ。五感を超えた未解明の感覚が存在する可能性も否定できない。

> 第六感とされる働きの多くは、女性特有の相手に心を配る性質からきている。基本は、相手をしっかり観察し、感覚を研ぎ澄ましながら情報を集めることだ。

Wデート
ダブル

意味	二組のカップルが一緒にデートすること
類義語	グループ交際／合コン／パーティー
場面	遊園地／バーベキュー／日帰り旅行

　Wデートとは、一般的には男女二人ずつが一緒にデートへ出かけること。それぞれのカップルが成立している場合でも、まだ誰もカップルとなっていない場合でも、Wデートということはできるが、前者と後者とでは、当事者の心構えが変わってくる。

　誰もまだカップルになっていない場合は、同性同士で固まりやすく、よほど意識的に行動しないとデートの雰囲気がつくりづらい。意中の相手がいるのであれば、友だちに相談をして、二人きりになれるタイミングをつくるなど、うまくいくように手回しをしておきたい。

　逆に、カップル同士によるWデートの場合、四人の総意で実施されたものでないと、「二人のほうがいいのに」などの誰かの不興を買う恐れがある。それぞれの考えが伝えられるような**親密な関係になっていることが条件**と考えたほうがいい。

> Wデートは、その目的や人員構成によって段取りが変わってくる。同性同士で固まらないよう、事前の打ち合わせが必要だ。

玉の輿（たまのこし）

意 味	女性が金持ちの男性と結婚して裕福になること
類義語	セレブ婚／良縁
使い方	女子力(→P115)を磨いて玉の輿に乗る

女性が経済的に豊かな男性と結婚して、自分も裕福な暮らしを得ることを玉の輿という。すべての女性が玉の輿を夢見ているわけではないが、未だ社会的にみれば、結婚して家計を支えるのは男性、家事や子育てを取り仕切るのは女性という考え方が根強い。**専業主婦願望のある女性の多くが、配偶者に経済力を求める**傾向がある。玉の輿に乗るには、言うまでもなく裕福な男性の目に留まらなくてはならない。

玉の輿を目指す女性は、出会いを求めてそういう人たちが通う高級スポーツクラブに通ったり、料理の腕を磨き、エステに通って女子力を磨いたりするのがセオリー。**目標に向かうための積極性と日々の努力**が存在する。グループの中で玉の輿の人が出たら話題になるだろう。

> 玉の輿を夢見る女性は、自分磨きとともに、そういった人と知り合うための積極性があるタイプといえる。

タワマン

意 味	タワーマンションの略
類義語	高層マンション
場 所	都市部のベッドタウン／ウォーターフロント

都市周辺のウォーターフロントなどが立地となるタワマン（タワーマンション）は憧れの物件と考える人がいる。家族世帯には3LDKが主流だが、1LDKなら一人暮らしの女性にも人気だ。一般には「高さが60mを超える建築物」（建築基準法第20条）と定義づけられ、上層階の窓からの眺めはまさに天下を取ったような気分にしてくれる。そこから、タワマン住民たちのヒエラルキー問題が生まれる。ということは、逆に上層階でなければタワマンに住む旨味は薄まるともいえる。**基本的にマンション内で人付き合いを完結させることになるので、ヒエラルキーの下位に置かれたとりわけ主婦は、それなりの屈辱を味わわされる……かもしれない。**夜景の魅力だけで入居を決めるのはおすすめしない。

> 潤沢な収入があり、ヒエラルキーの上位につけることができるなら、タワマン暮らしも悪くない。住民同士のお付き合いが密になることは覚悟しよう。

団結 (だんけつ)

意味	複数の人が共通の目的のために協力し合うこと
類義語	協調／協力／共闘／連帯／結束／絆
場所	学校／職場／シェアハウス

団結は男女とも、それぞれの共通する目的に合わせて行うが、その団結の仕方は違っている。**年齢や肩書が違う相手とは団結しにくい男性に対し、女性は、そうした細かい条件と関わりなく、初対面の人とでもすぐに団結できるという特徴をもっている。**もともと社会的に弱い立場にあった女性は、強い男性に対抗する手段として、団結する必要に迫られることが多いためだ。団結することがまず必要なのであって、肩書や上下関係にこだわってなどいられないのである。しかし、そのことは時にデメリットともなり得る。**女性同士の関係は、すべて横のつながりという捉え方なので、そこからはみ出すことは基本、許されない。**団結した人々の中に気の合わない人がいても、踏み込んだ議論はせず、表面的であっても楽しく付き合うという態度が求められる。

> 表面的な付き合いに終始するようだと、真の団結力は生まれない。時には真剣に向き合って本音で議論することも必要だ。

駐在妻 (ちゅうざいづま)

意味	海外転勤した夫に同行して現地暮らしをする主婦
類義語	セレブ妻／エリート妻
場所	現地の婦人会が開催される飲食店などの会場

商社や大使館など、海外赴任した夫に帯同するかたちで現地に暮らす女性が駐在妻。身分や住むところが保証されたうえで海外暮らしができるわけだから、多くの人が憧れるのも無理はない。その代わり、生活環境が閉塞的な社会であることは日本に暮らす主婦層の比ではない。**よほど語学に堪能か、もともとその土地を熟知している人でないかぎり、駐在妻は現地の婦人会にほぼ強制加入**と考えるべきだろう。そこには、趣味や考え方、年齢など、あらゆる特性がバラバラな人間関係とともに、駐在年数や夫の身分を基準とする強固なヒエラルキーが待ちかまえている。

一方で、近年は駐在中にビジネスを行うなど、積極的に社会参加をする妻も見られる。趣味が高じて、海外で成功することもある。

> 駐在妻ヒエラルキーの世界に一度ハマると抜け出すのは困難。まわりとの人間関係に気をつけ、現地の生活に溶け込む努力をすることだ。

誕生日(たんじょうび)

意 味	生まれた日のこと
類義語	記念日／生年月日／誕生パーティー
使い方	誕生日を迎えるたびに焦りを感じる

　記念日というものをとても重視する女性は多い。恋人がクリスマスやバレンタインデーを覚えていて、その日に自分と過ごすことを楽しみにしてくれていたら、嬉しいだろう。記念日は、ただ記念日というだけではない。そういう特別な日を、自分と過ごしてくれるというのが女性にとって重要なのだ。

●誕生日は自分だけのための記念日

　クリスマスやバレンタインデーなどの記念日がそうなら、誕生日はもっと嬉しいに違いない。なぜなら誕生日というのは、**その人だけの記念日であり、その人が主役になれる日でもあるからだ。**

　そのような自分だけの記念日を大事に思うのは当然のことだ。そして、相手が自分の誕生日をどのように扱うかで、自分がどれだけ大切にされているかが知れる。自分自身の価値を図るバロメーターになっていると言っても過言ではない。

　逆に、自分がどれだけ他の人の誕生日を覚えているかを考えると、相手に対する気持ちの強さがわかる。恋人の誕生日は覚えている人がほとんどだろう。友人や同僚となれば、覚えている人も、そうでない人もいるのではないだろうか。覚えているのは、相手に関心がある証拠である。

●誕生日を迎えるたびに女性としての変化を感じる

　また、女性には、身体的にも年齢を重ねるということにとても敏感な面がある。ライフステージの変化に合わせて、子ども時代とはまた違った誕生日に対する思いの深さが強くなっていく。

　同性同士で誕生日を祝うときは、同じ女性だからこそわかち合える思いもあるだろう。仲間同士で美味しいものを食べに行ったり、サプライズパーティーを行うなど、楽しみ方はさまざまである。

> 誕生日とは、きわめて特別な日。その日を覚えているかは、相手に興味があるかのバロメーター。大切な記念日のひとつであることは間違いない。

地図
ちず

意味	地形や所在地などを平面上にわかりやすく表示したもの
類義語	指標／手がかり／道案内／道しるべ／見取り図
場面	目的地までのルートに迷ったとき

女性は地図を読むのが苦手といわれてきた。実際、地図を見ながら目的地にたどり着くのが難しいと考える人は多いという統計がある。いま自分が手にしている地図のどちらが北でどちらが南かわからず、極端な場合、まったく逆方向に歩きだしていた、なんていうことも珍しくないという。

●苦手だと思い込むから苦手になる

しかし、これは本当だろうか？　たしかに、空間認識能力を調べるテストをすると、男性のほうが好成績を残すという報告もある。だが、実はこれ、**一般的に女性は地図を読むのが苦手であると言われ続けてきた結果、当の女性が本当はそうではないのに、そう思い込んでしまっていた**という説が有力となりつつある。「ステレオタイプ・スレット」といって、自分が所属している集団に対する偏見を、受け入れてしまうというのが、そのメカニズムだ。この場合は、「女性」が自分の所属している集団で、「彼女たちは地図を読むのが苦手」というのが偏見の内容である。

これが偏見であるという証拠に、空間認識能力を調べるテストであることも、男性のほうが好成績を出す傾向があることも伏せてテストをした場合、必ずしも女性のほうが低い成績にはならない。**苦手だと思い込むことで、人は本当にその行為を苦手にしてしまうのだ。**

したがって、これまで「地図を読むのが苦手」と思ってきた人は、「本当はそうではなかった」と自分に言い聞かせることで、苦手意識を克服できるはずだ。ただし、男女の別なく、地図を読むのが苦手な人はいる。そういう人は、今ならスマホの地図アプリを使えば紙の地図よりも便利。文明の利器に頼るのも、ひとつの解決方法だ。

地図を読む能力に男女で差はない。それがわかってもまだ苦手なら、それは男女に関係なく苦手な人だ。地図アプリを活用しよう。

長女

意 味	兄弟姉妹の中で最年長の人
類義語	初子／姉娘／長子／お姉さん
場 面	他人の世話を焼くとき

長女の性格として特徴的なのは、親や兄弟などまわりの人たちから長女らしいふるまいを期待され、本人もそれに応えようとするところである。

もともと女性には、**まわりの状況をいち早く察し、適切な行動をとることが社会的に求められる**傾向がある。「気が利く」ことが女性らしさの大切な要素と考えられているのだ。それが長女となれば、なおさらこの傾向に拍車がかかることになる。

そのため、兄弟姉妹に対してだけ、あるいは年下に対してのみならず、同年代にも何かと世話を焼きたがる長女の女性は少なくない。実際に面倒見がよくて、アドバイスや行動は懇切丁寧であるため、互いに学生の場合などには、彼女を頼もしい存在としてありがたいと感じる人も多い。いわゆる、友人の中の「お姉さん的存在」というわけだ。

ただ、他人の面倒を見ることに力を入れるあまり、いつの間にかさまざまなストレスを溜め込んでいることをもっと自覚しておきたい。

●面倒見のよさが上から目線になることも

また、今まで面倒を見てもらっていた側もそれなりに成長すると、昔通りの疑似的な「姉対妹」の関係が、上から目線でモノを言われているようで疎ましくなることがある。それが苦痛なのであれば、この長女気質をもった女性に、人には自分の領分と他人の領分があって、**両者には必ず一定の距離を保つことが必要**だとわかってもらうほかないだろう。あからさまに反論すれば、自分のアイデンティティを否定されて気分を害し、そこから感情的な攻撃が始まる恐れもある。

否定するのではなく「なるほど、そういう考え方もあるのね」と一定の理解を示したうえで、「自分なりに、その意見をどう実現できるか考えてみる」という方向にもっていくのがよいだろう。

> 長女的性格は、もともと女性がもつ性質をさらに強くしたもの。上からモノを言ったり言われたりする関係は互いにストレスなので、見直すべき。

ミニコラム　長子の性格

心理学者の詫摩武俊は、兄・姉・弟・妹で見られる性格の特徴を調査しました。長子でも兄と姉では特徴が異なります。

兄…責任感が強い／寛容／指導的／気前がいい／意志が強い

姉…物静か／優しい／控えめ／落ち着きがある／おせっかい焼き／親切

長子は全体として口数は少なく、会話は聞く側にまわり、控えめといえます。

長男の嫁
（ちょうなんのよめ）

意　味	長男と結婚した女性
類義語	息子の嫁
場　面	夫の実家に帰省したとき

　長男と結婚した女性が多くの場合に直面するのが、嫁姑問題である。結婚すれば誰でも起こり得る問題だといえばその通りだが、相手が長男の場合とそれ以外の場合とで事情が異なる点は多い。

　いちばんの問題は、**跡継ぎという意識から、夫の実家も夫自身も、そのことに言動が左右される**ところである。結婚当初は「子どもはまだか」のプレッシャーが強く、せっかく生んでもそれが女の子だと「次は男の子ね」などと言われて、嫁はさらにストレスを感じることになる。

　子育てに関する考え方の違いで意見がぶつかることもある。特に義母は、**同性であるがゆえに嫁をライバル視しやすい**。授乳中の子どもに悪い影響を与える（と、姑が信じて疑わない）食べ物を母親が摂ることに文句を言ったり、泣いている赤ちゃんをすぐに抱き上げてあげないと「かわいそう」と責めてきたり。どんなに一生懸命子育てしていても、姑には、すでに子育てをやり抜いたという自負があるので、自分がよいと思っていることは、他人にもよいという信念は揺るがない。自分の意見を通すことで、嫁より上位にいると思いたいという心理もあるだろう。

●まずは夫が、夫婦として明確な態度を示すこと

　そうした信念や、嫁に対するライバル意識を、すでに高齢となって価値観の固まった姑に捨てさせるのはきわめて難しい。それより大事なのは、夫が実の母から親離れしているかどうかである。そもそも結婚して家庭をもつということは、二人がそれぞれの家庭から独立して、新たな家庭をもつということである。それは、それぞれの実家に対しても、夫婦でひとつの意志決定を行うということでもある。

　嫁姑の問題は、この点を曖昧にしている夫婦ほど、大きな問題となりやすい。まずは夫自身が、**自分たち家庭の領域には、たとえ親といえども「むやみに立ち入らないでほしい」**という、明確な態度を示せるかにかかっている。

> 夫を産み育ててくれた実家に敬意が払えないのは、もしかしたら夫に対してすでに信頼感がなくなっているのかもしれない。嫁姑の問題では、夫に明確な態度を示してもらうか、一女性として、姑に伝えたほうが、案外うまくいくのかもしれない。

ていねいな暮らし

意　味	衣食住に隅々まで行き届いた暮らし
類義語	オーガニックライフ／手間暇かけた暮らし
使い方	ていねいな暮らしに憧れる

「ていねいな暮らし」とは、衣食住、それら一つひとつにこだわりをもったライフスタイルのこと。ブログや関連書籍がヒットしたことで、そうした暮らしに憧れを持つ人が、特に大人の女性の間で話題となった。しかし、無添加の食材を使った作り置き料理、重曹や酢を使った家事などに憧れるものの、実際は**ていねいな暮らしをするのも大変で、余裕のない毎日を送っている場合もある**。ていねいな暮らしに憧れ、疲れてしまう人もいる。

ライフスタイルは人それぞれ。**誰かのマネをしても、楽しめなければその生活が合わない**ということ。他人の視線は気になるものだが、実はそれも、他人ではなく自分が自分に向けた視線であり、評価であることに気づきたい。

> 一見心地よさげな流行の言葉に踊らされていないだろうか。無理に「ていねいな暮らし」をする必要はなく、身の丈に合った暮らしをすることが大切。

デート

意　味	恋人など親しい人との関係を深めるために出かけること
類義語	交際／お付き合い／日帰り旅行／外泊／ドライブ
場　所	飲食店／ホテル／遊園地／アウトドア／映画館／公園

女性にとってデートは、気になる相手との関係性を確認するのに不可欠の機会である。女性は何回かデートを重ねることで、自分の相手に対する気持ちや、逆に相手の自分に対する気持ちにようやく確信がもてるようになるため、デートに対する比重は大きい。そして、そのデートの内容を**女子会（→P113）**などで**話のネタ**にすることも多い。

特に付き合ったばかりの頃の話は、**話すほうも楽しく、聞くほうは恋愛のアドバイス**などをすることで楽しむ。デートの経験が少なければ、何を着ていくか、どこに行くかなどを相談する。ただし、**詳しく話しすぎたり、話が自慢になってしまわない**ように注意をしなければならない。

> 付き合ったばかりの頃は、女子会などでデートについて話すことがある。相談やアドバイスなどで女性同士の仲が深まることもある。

手のひら返し

意　味	今までの態度を突然変えること
類義語	豹変／愛憎／裏表
場　面	同性と異性とで180度違う態度をとるとき

　同性の前ではサバサバしているのに、異性を前にすると急に媚びだす。目の前にいるときは親しげに話していた友人のことを、その場からいなくなった途端に批判する……。どこにでもこうした手のひら返しをする人のひとりや二人はいるだろう。
　手のひら返しをする人の多くは、自分に自信がもてないでいる。**あるがままの自分に自信がないから、本来の自分とは違う自分を演じて相手と接するし、相手に対する依存度も増す**。ただしその自己否定感から、友人との問題も解決にはつながらず、溜まった不満を陰口で発散するしかない。陰口を話題に選ぶことが多いのは、陰口以外の話題で会話を続ける能力に乏しいからだ。しかし、そんな手のひら返しを繰り返していれば、やがて周知のこととなり、いずれ反感を招くことになるだろう。

> たった今有利に働くその手のひら返しが、長い目で見れば自分を周囲から孤立させる原因となるかもしれない。

トイレ

意　味	用を足したりメイクを直したりしながら、ストレス発散も兼ねる場所
類義語	化粧室／お手洗い／パウダールーム
場　面	ストレスが溜まったとき

　小まめにストレスを発散できる場所として、**トイレはとても大切な場である**。女性は他人と良好な関係を築くことを求める傾向が強い。楽しくおしゃべりすること自体がストレス発散となり、しかもそれを小まめに行う必要があるとするなら、トイレが格好の口実となる。メイクを直しながら友人や同僚と、ランチがおいしい店の情報交換をしたり、仕事の愚痴を言い合ったり。話題は何でもいいが、お互いに話したいことを話していれば、自然と長話となる。
　さかのぼると、小学生の女子は何人かでトイレに行っていただろう。内心イヤな気持ちがあっても集団で行動することで**仲間はずれにならない安心感**などもある。トイレは何となく怖い場所であるイメージもあり、複数で行動するという心理もあるかもしれない。

> 一緒にトイレに行くのは井戸端会議（→P47）の延長。それ自体はストレス解消として有効だが、誘われたほうは内心イヤがっているかもしれない。

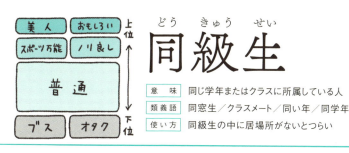

同級生 (どうきゅうせい)

意　味	同じ学年またはクラスに所属している人
類義語	同窓生／クラスメート／同い年／同学年
使い方	同級生の中に居場所がないとつらい

　同い年なのだから対等のはずなのに、**見えない格差ではっきりと上下関係が作られてしまう同級生**。スクールカーストと呼ばれるこうした傾向は、何も今に始まったことではなく、昔から存在している。

　一般にスクールカーストは、上・中・下の三層に区分され、「上」は、容姿が優れている、明るくて話が面白い、運動部のレギュラー、ノリがよくて目立つ、などのうちいずれか、または複数の要素を備えた人。

　「中」は、「上」の人ほど目立つ容姿や性格をしているわけではないが、それなりに集団で明るくふるまう、いわゆる「普通の子」たち。それらに対して「下」は、見るからに**地味で大人しい。「上」の階層に属する者たちは意地悪く、「オタク」「ブサイク」と差別的な言い方をする。社会の風潮が子どもたちにも影響している。**

　一方で、勉強で手一杯になる進学校では、カースト化の傾向が少ないともいえる。

●カーストの上位にいても安心できない

　男子にも同様のスクールカースト問題は存在するが、群れることで安全性を確保しようとする女子にとっては、より切実である。場合によっては、「あの子と同じタイプの人間と見られるのは嫌だ」との理由から、仲間はずれにするという陰湿な行動に出ることもある。しかし、「上」に属せたからといって、それでずっと安心できるわけではない。むしろ、そこから落ちないようにするため、グループのリーダー格と趣味やノリを合わせたり、行動を共にしたりする必要に迫られるなど、かなり神経を使わなくてはならない。そういう努力をずっと続けていると、それが当たり前のことになる。

●カーストから抜け出すために

　大人になっても、たとえばママ友の間で、同じようなカーストをめぐる問題に悩まなくてはならないかもしれない。この見えざる制度から抜け出すには、**ブレない自分をできるだけ早く確立させることだ。**

> 同級生でも上下関係が作られることがある。スクールカーストから抜け出すためには新しい環境に行くほか、ブレない自分をつくることだ。

同窓会(どうそうかい)

意味	同じ学校の出身者たちが卒業後に親睦を深め合う会合
類義語	OG会／懇親会／クラス会
場所	ホテルの会場／レストラン

　同窓会は、かつて同じ学び舎で学んだ者同士が旧交を温め、互いの近況を確かめ合う場である。若いうちは、その後に進学した学校や職場など、まだその時々の付き合いに無我夢中だから、同窓会を開催しようとか、参加しようとかいう発想にはならないもの。そういう気持ちになるのは、ある程度の年齢に達してから、と考える人もいるだろう。

　ところが、実際には、年齢が上がれば上がるほど、同窓会に参加するのをためらう人が多くなるという。参加をためらうのは、たいてい周囲に対し、今の自分の状況を引け目に思っている人だ。

●同窓会が自慢大会に

　同窓会で交わされる会話の多くは、かつての同級生とのマウンティング（→P164）合戦。独身か既婚か、子どもの有無、どんなキャリアを歩んできたか、収入等々、互いに優劣をつけて、優の側が大いに気分をよくする。それが同窓会だ。

　もっとも、既婚で子宝に恵まれた女性が、必ず勝ち組に入れるともかぎらない。結婚直後や出産直後は勝ち組かもしれないが、数年後には、夫が会社でリストラに遭ったり、子どもがお受験に失敗したりしているかもしれない。年齢とともに衰える容色が、かつての同級生たちと比べて、今どのくらいのレベルにあるのかも気になるところ。

　見た目でしか人間の価値を測ることができない女性にとっては、それだけが自分の存在を示すものである。そのために、見た目で勝負しようとすることがある。夫や子どもも自分の持ち物のように勘違いしていて、夫や子どもの成功や肩書きを披露して優越感に浸る女性もいる。人のふんどしで相撲をとっているにもかかわらず、その自覚もない。

　そうやって自慢できる要素をかき集め、うわべだけを必死に取り繕うさまは、その実、自分の心の貧困さを吹聴しているようなもので、見方によっては哀れでもある。そう捉えることで、心に余裕をもちながら同窓会に出席するのもいいし、無理に出席しないと決めてもいい。SNSなどで会いたい人とだけ連絡をとればいい。

> SNSも発達しているので、同級生とはそれでつながれる。会いたい同級生とだけ、個人的に交流する方法を考えるのも手だ。

同調（どうちょう）

意味	他人の意見や調子に合わせること
類義語	共鳴／共感／意気投合／追従／同情
使い方	「あの人ってすぐあなたの意見に同調するよね」

同調には、言葉で「あなたと同意見である」ということを示すほかに、たとえば同じタイミングで飲み物を飲んだり、笑ったり、お辞儀をしたり、といったように、相手と一緒に同じことをするという行動も含まれる。**その心理の根底にあるのは、仲間意識。**相手に対して自分が好意をもっている、あるいは共感しているというのを、そのような方法で示しているのである。もちろん男性にも同調行動はある。**他人から嫌われたくないという意識が強いと、特に同調行動をとる割合が多いと考えられる**。また、サービス業など、特定の職業に就いていて、同調することが習慣化している女性もいる。時として、それを印象よくするためのテクニックとして用い、心の裏に別の意図を隠していることもあるので、それを見抜く力を備えていたいものである。

> 仲間意識が強く、他人から嫌われたくないという意識から同調行動をとることが多い。

同僚（どうりょう）

意味	同じ職場の仲間。階級や役職が同程度の場合をいうのが一般的
類義語	同輩／同役／仲間／同期
使い方	同僚との飲み会

常に何の波乱も起きない職場ならよいが、仕事にミスはつきもの。状況によっては、自分がそのミスを同僚に指摘しなければならないこともあるだろう。しかし、相手が被害者意識の強い女性の場合、伝えるのも難しい。仕事の指摘であるにもかかわらず、**相手が人格を否定されたとすら感じてしまうこともある**。同じミスを指摘するにしても、感情的に言うのではなく、「こうしてくれるとありがたい」というお願いや提案のように、フラットな物言いを心がけるとよいだろう。

一方で、同時期に入社したなどの理由から、親しい関係になりやすい。学生時代の友人とは異なり、**職場での悩みなどを相談できる友人**にもなりうる。同僚に関しては、相手によって無理をしないよう心の距離のとり方を心掛けよう。

> 本来職場は、ビジネスマナーを行動の規範とするべき。同僚とは、ネガティブな話をせず、適度な距離感を保つのが基本だ。

同類意識
どうるいいしき

意味	社会において他者を自己と同類であると認める意識
類義語	仲間意識／同族意識／帰属意識
場面	同じ悩みや喜びを語り合うとき

「同類意識」とは、社会学用語のひとつで、自己と他者の類似を認識したり共感したりする意識のこと。「女性同士」だから「同類」と思う、「同じ趣味」だから「同類」と思うといったことで、人間が社会を形成するために必須の要素ともいわれている。そういう意味では、同類意識は人間の本質でもあるが、一方で、人間には個人の領域というものがある。当然、個人の領域は人それぞれ違っているが、同性に対して同類意識を強くもちすぎると、しばしば個人の領域を侵害しがちである。

● 同類意識が自分の価値観の押しつけになることも

　女性らしさのひとつに、相手の気持ちを察するというのがある。気が利くかどうかが、バロメーターになっているのだ。だから、女性同士、互いの気持ちを察し、「ちゃんとあなたの気持ちはわかっていて、それは私も同じ」という意識をもつ。しかし、実際には、必ずしもすべての人が同類といえるほど共通点ばかりもっているわけではない。

　たとえば、「女性は誰でも恋バナで盛り上がりたいもの」と思い込んでいる人が、同じ女性だという同類意識から、恋バナを好まない女性に恋バナを強制したとしたら、相手は苦痛に感じるだろう。人の考え方は千差万別なので、相手が同類のように思えたとしても、すべての考え方まで同じだと思い込んでしまうのはトラブルのもとだ。

　同類意識の強い女性は、異なる意識をもった女性に対して否定的な発言をすることもあるが、結局のところ、それは自分の判断や価値観の正しさを、相手に認めてほしいからだ。だからそういうときは、「そういうふうに考えたことはなかった。面白いね」「あなたの生き方は素敵だと思う」のように、互いの考えを押しつけ合わない方法で、相手のことも認めるという方向にもっていくとよい。

> 悩みや喜びを分かち合いたくなるような同類意識なら、ぜひ共有したいところ。そのためにも、押しつけ合わず、認め合う関係が望ましい。

ミニコラム　パーソナルスペース

どんな人も、他の人が近づくと不快に思う空間「パーソナルスペース」をもっています。文化人類学者のエドワード・ホールは次のようなパーソナルスペースの目安を作成しました。良好な関係を保つにはこのスペースの取り方が大切です。

密接距離…恋人など　近接相（0〜15cm）／遠方相（15〜45cm）
個体距離…友人など　近接相（45〜75cm）／遠方相（75〜120cm）
社会距離…ビジネスなど　近接相（1.2〜2m）／遠方相（2〜3.5m）
公共距離…講演会など　近接相（3.5〜7m）／遠方相（7m以上）

独身同士（どくしんどうし）

意　味	居合わせた者同士が互いに独身であること
類義語	独身の連帯感／独身貴族
使い方	「独身同士で固まるなと言われても……」

　女子会（→P113）に集まる人の圧倒的多数は独身である。時間やお金の融通が利きやすく、集まりやすい。話す内容も仕事のことを始め、共通の話題がある。

　既婚者は夫、家族と過ごす時間が大切だし、子どもがいれば育児に追われてなかなかプライベートの時間が取りにくい。しかし、それ以上に独身同士で集まる機会が多いのは、一緒に過ごす時間が楽しいのと同時に、互いの境遇が同じであることを確認し合い、励まし合うという目的がある場合もある。

●独身同士の集まりで交わされる会話

　彼女たちの話題でよくあるのは「身のまわりにいい男がいない」「いても、たいてい既婚者」というもの。あるいは、「今の仕事がつまらない」「でも、生きていくためには続けていくしかない」など。そうやって、**愚痴を吐き出すことで、共感し合い、自分だけじゃないと安心できる。**

　だから、独身仲間の誰かに彼氏ができたと聞けば、ましてや結婚を前提に付き合っているとなれば、大変な騒ぎになることもある。皆で根掘り葉掘り、相手男性の素性や性格について質問し、最初のうちは「へー、楽しそう」「魅力的な人だね」などと称賛の言葉を贈るが、一通りそのやり取りを終えたところで、少しずつ彼氏の粗さがしへと話を転じていくなんてことも……。

　本心は羨ましいし、祝福したい気持ちもあるだろうが、相手の幸せを素直に喜べなかったとしても仕方のないことだ。だからといって、その気持ちを自分の中で処理できず、相手を攻撃したり、相手が不幸になるように仕向けたりしてしまうのではいただけない。そんな自分に気づいたら、自分の心の整理（調整）が必要だろう。

　一方、独身同士だからこそ**共感することが多かったり、時間をあまり気にせずゆっくり話をすることができるなどのメリット**もある。特に同じ趣味の人で集まるなど、大人になってからも深い友人関係を作り続けていくことができる。

> もし、相手の足を引っ張っている、あるいは足を引っ張られていると感じたら、関係を見直すときが来たと考えよう。

友だち親子

意 味	友人同士のような感覚で接する親と娘
類義語	一卵性母娘／友だち母娘
場 面	休日のショッピング

　まるで同級生の女の子同士のように、休日一緒にショッピングをしたり、おそろいのブランド服を好んだりしているのが友だち親子の特徴。平成以降の母親はいつまでも気持ちが若く、娘のかわいいファッションをうらやましく感じたりすることから、こういう現象が起きると考えられる。ただし、単なる趣味の問題であればよいが、相互に依存した関係にまでなってしまうと、さまざまな弊害を引き起こす。

　母親が自分の価値観を娘に押しつけるというのも、そのひとつ。たとえば、娘が自立して働きたいと思っても、「女の幸せは結婚して専業主婦になること」などといって、進路に口出しすればトラブルになる。そこで娘が親離れするきっかけになればいいが、友だち親子の関係に心地よさを感じていると、素直に従って自立できなくなってしまう。

> 子どもが自立しなければ、本人のみならず親も不幸。互いに関係を見つめ直し、もっと他の世界にも目を向けることで危機的な状況を回避したい。

友チョコ

意 味	恋愛関係にない、主に女性同士で贈り合うバレンタインチョコ
類義語	義理チョコ／世話チョコ
場 面	バレンタインデーをイベントとして盛り上がりたい場合

　仲のよい女性同士がバレンタインデーにチョコレートを贈り合う習慣は、今やすっかり定着した感がある。もともと女性は男性以上にスイーツ好きなだけに、男性に贈るだけではもったいない。学校などでは**友だち同士でチョコレートを贈り合い、親睦を図るイベント**として盛り上がっている。小学生の女子が、母親と手作りチョコレートの材料を買いに行く姿も多く見られる。

　しかし、学校や職場で、特定の人にしか贈らないと不快に思う人がいるかもしれないので、全員に贈ったほうが無難だ。また、**チョコのブランドや味にもうるさい人もいる**。結果、男性に対して贈る以上に気を使う、という問題も起きてしまうこともある。義理チョコ同様、対策を考えたい。

> 義理チョコとの境界が曖昧なだけに、解決法は義理チョコの場合と近い。きっぱりやめるか、義理と本命とで差をつけ、本命（親友）にはこっそり渡そう。

長電話（ながでんわ）

意　味	長時間電話で話し続けること
類義語	長話／長文メール
場　面	誰かに愚痴を聞いてほしいとき

　ともと協調性の高い女性は、会話をしていても互いの共感というものを重視する傾向にある。電話にしても、単純な用件だけで終わらせず、愚痴を言ったり、自慢話をしたりして自分のことを承認してもらおうとするため、長電話になりがちだ。それを聞いている女性も、相手に同調する傾向が強いため、愚痴や自慢話を続けたり、アドバイスをするなどして、自然と会話は長くなる。近年はLINEなどが何往復もつながり、深夜まで続くということもある。

　女性は言葉の裏に潜む真意を読み取る能力が優れているので、音声だけのやり取りだけで十分に会話が成立する。つまり、直接会って話したほうがよい用件でも、**女性同士なら電話だけで十分に用が足せ、なおかつ気持ちも満たせる**。

> 女性は言葉や声だけで相手の真意を読み取れる。声のトーンなどから、今長電話すべきかどうかを判断したほうがよいこともある。

仲間はずれ（なかまはずれ）

意　味	仲間として認めないこと
類義語	無視／つまはじき／疎外／冷遇／排除／締め出し
場　面	大勢の人たちが、ひとりのことだけを無視する

　仲間はずれになったと感じるのは、自分がその集団の「仲間でありたい」と思っているときだ。「仲間だと思っていない」のであれば、**たとえその集団から無視されたり、冷たくされたりしても、さほど気にならない**。ただ、多くの女性の場合、どこかに属していたいという帰属意識が極めて強いことがある。仲間はずれになるということは、締め出されるということだから、それだけでつらい気持ちになる。女性が多い職場や学校などでは、どうすれば同性にダメージを与えられるかよくわかっているので、往々にしてこの仲間はずれという方法が使われるというのも、やっかいな点だろう。**職場であれば、公的な付き合いと割り切って、私的な「仲間」という集団の一員であることへのこだわりを捨てる**ことが、一番の対処法である。

> 仲間はずれにする理由を、その集団を構成するひとりに直接聞いてみるのも手だ。個別に聞くことで、仲間の前では言えないことも教えてくれるかもしれない。

泣く

意 味	悔しさや悲しみなどの感情が高ぶって涙を流すこと
類義語	涙を流す／めそめそする／悲しくなる／つらくなる
場 面	思いが理解されない、あるいは認められないとき

女性は男性よりも、涙腺がゆるいといわれている。たとえば、上司や取引先から叱責されたとき、その場で涙を流す頻度が高いのは女性である。

●女の子は泣くと心配してもらえる

理由としては、女性の感性のほうが繊細にできていて、感情の起伏が表情にも大きく現れてしまうという、生まれながらの特徴が第一に挙げられる。泣きたくて泣いているわけではなく、自然に涙が出てしまう。だから、止められないし、実は男性が考えるほど深い意味はないことも多いのだ。

もうひとつの理由は、男女間の育ちの違いである。男の子が泣くと、「男のくせに泣くんじゃない」ととがめられるが、女の子が泣けば、「どうしたの、大丈夫？」と心配される。とがめられるのは、概して泣かせた側である。もともと涙腺がゆるいうえに、心配されることはあってもとがめられはしないために、「泣く」という方法を自己主張として使うようになる人もいる。

もちろん、腕力の弱さも忘れてはならない。幼いときこそ女の子のほうが早く成長し力も強いといわれているが、それはやがて逆転し、すぐに大多数の女の子は腕力では男の子にかなわなくなる。すると、決して少なくない数の男の子が、腕力に訴えたり、怒鳴ることで暴力の存在をちらつかせたりすることを覚えてしまう。女の子が涙を武器にすることを覚えるのは、必要に迫られて覚えざるを得なかったとも言える。

●女性は、女性の涙に厳しい

泣く女性は被害者、泣かせた側は加害者。この図式は、大人の世界にも根強く残るため、泣くことで難局を切り抜けられるケースは実際にある。つまりこれが、「涙は女の武器」と言われるゆえんである。子どもの頃から、泣くと慰めてもらえて、泣かされた相手が叱られるという体験を繰り返していると、それを切り札に使いたくなるのは当然かもしれない。

もっとも、その魂胆を十分に理解している同じ女性たちからは厳しい目で見られることになるし、男性も、一度や二度なら優しく受け止めてくれるかもしれないが、度々だと「面倒くさい奴」と思うようになるだろう。

涙もろいのはある程度仕方ない。しかし、切り札で使ったとしても落ち着いたらきちんと真意を説明するなどの姿勢が望まれる。

なぐさめる

意味	一時的に悲しみや苦しみを紛らせること
類義語	いたわる／励ます／元気づける／勇気づける
場面	友人に元気がないと感じたとき

友人や恋人が落ち込んでいるとき、そばにいて気づいたら、心配してなぐさめるのが自然な反応だ。ただし、男性と女性とでは反応がちょっと異なる。一般に男性をなぐさめるときは、「それはあなたのせいじゃない」「たいしたことではないよ」など、主に励ましの形で行うのが効果的であるようだ。

一方、女性の場合は、**共感してくれることを望んでいる。だから、「大変だったね」「私にも同じ経験があるよ」など、落ち込んでいる状況に対して理解を示すことが効果的ななぐさめ**となる。励ましの言葉をかける前に、まずは気持ちに寄り添うことから始めよう。それから、相談に乗ったり、アドバイスをすればいい。プライドが高い人はなぐさめられるという行為をイヤがることもある。

> プライドの高い人のなかには、なぐさめられることを嫌っている人もいる。そういう人をなぐさめたいときは、ただ話を聞き、寄り添うのがいいだろう。

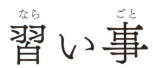

習い事（ならいごと）

意味	趣味や仕事のスキルを上げるために講習を受けること
類義語	お稽古事／レッスン／講座／授業／手習い
場面	現状打破するためのきっかけが欲しいとき

大人の女性が習い事をするのは、現状を打破したいという気持ちの表れであることが多い。社会のさまざまな壁にぶつかり、それを乗り越えるためにスキルを磨いたり、新たな自分を発見しようとしたりするためだ。

それが、**向上心からくるものならいいが、現実逃避になってしまうと、悪循環である。**満足いく結果が得られず、自分にはもっと別の習い事のほうが向いているのではないかと、新しいことに手を出すことの繰り返し。そうなると、だんだん自分が何を本当にやりたかったのかがわからなくなってくる。こういう女性は、転職を繰り返すことも多いが、方向性を見失えば、キャリアダウンとなってしまう恐れもある。今一度、自分のライフプランを見つめ直す必要があるだろう。

> 向上心か現実逃避か、その見極めが必要。どれも長続きしないようであれば、ただの現実逃避である可能性が高い。

妊活
にんかつ

意味	妊娠を促すための医療行為や準備
類義語	子作り／不妊治療／妊娠準備
場面	どうしても子どもが欲しいと考えたとき

結婚して自然に妊娠するのを待つのではなく、妊活をするとなると、自分の年齢だったり、周囲からのプレッシャーを感じる場合がある。妊活仲間が妊娠すれば祝福すると同時に、複雑な気持ちを抱えることも想像にかたくない。

　だが、それらを気にしすぎてストレスを抱えたり、周囲と険悪になったりしてもよいことはない。自分の妊活に他人は関係ないのだから、気にする必要はない。その人たちのことがどうしても気になるなら、しばらく距離を置いてもいい。自分の気持ちをリラックスさせておくことが大事だ。

　もし、まわりに妊活中の人がいるのなら、相手がストレスを感じないよう、いたわる気持ちをもって接したい。

> もし妊活をつらいと感じたときは、信頼できる友人、できれば経験者と話してみよう。悩みを聞いてもらうだけでもプレッシャーは軽減する。

忍耐強い
にんたいづよい

意味	心身の苦痛によく耐える様
類義語	我慢強い／辛抱強い／粘り強い／屈しない
場面	困難を乗り越え、望むべき結果を得ようとするとき

忍耐強い女性は、自分のことよりも、まず自分が属する社会や組織のために力を注ぐタイプ。印象としては、少し古風で控えめだが、その奥に芯の強さを秘めている女性である。こういうタイプは、**自己をコントロールする冷静さも備えているので、困難を乗り越える術に長けてもいる。**したがって、周囲から信頼されることも多い。

　しかし、いくら忍耐強くても、我慢していれば確実にストレスは溜まっていく。**とりわけストレスが溜まるのは、その忍耐が自分の望む結果と結びつかない場合である。**徒労感が、ストレスを引き起こす。また、忍耐強さと、他人の言いなりになることの違いも理解しておきたい。忍耐強い性格を見透かされて、誰かにいいように使われるだけでは、これもストレスの原因になる。

> 周囲からいいように使われるのではなく、自分も周囲も納得できる結果が得られることに、忍耐強く取り組む努力をしよう。

ぬいぐるみ

意　味	布の中に綿などの詰め物をして人や動物などの形に整えた玩具
類義語	人形／フィギュア／マスコット／抱き枕
場　所	一人暮らし女性の寝室

子どもの頃、ぬいぐるみを身近に置いてかわいがるのは、親離れしていく移行期に、その親代わりとして子どもが安心できる存在だからだ。したがって、成長するにつれて徐々にぬいぐるみからは卒業するのが普通。しかし、大人になってもぬいぐるみをそばに置いて、話しかけたり、一緒に布団で寝たりする女性は少なくない。そういう人は、**「親和欲求」といって、誰かと一緒にいたいという気持ちを、ぬいぐるみで代償させている**のだ。あるいは、何を話しかけても黙って聞いてくれる存在として、ストレス発散に用いることもある。ぬいぐるみと行う「ごっこ遊び」はあくまで仮想世界。あまり没頭しすぎると、現実の世界とのギャップに苦しむことになりかねない。それを自覚していれば、**依存にならない程度で、**上手に付き合っていけるだろう。

> ぬいぐるみに話しかけるときの言葉は、他に誰も聞いていない。案外、自分の本音に気づくことも多いので、その声に耳を傾けてみるのもいいだろう。

ネイル

意　味	特にマニキュアをほどこした爪
類義語	おしゃれ／爪のお手入れ
場　面	自分自身のためにおしゃれをしようと思うとき

指先を美しく華やかに装飾するネイルアートは、ジャンルでいえばメイクやアクセサリーに近い。これをすれば、キレイになれて、見る人に好印象を与える。あるいは、そう思うことによって、自分自身の気持ちが高揚したり、自信をもてたりする。むしろ、そうした心理的効果のために自分を美しく飾るほうが、動機としては大きいかもしれない。

その中にあって、ネイルに特徴的なのは、**鏡などを使わなくても、自分でそのパーツを直視できるということ**。これによる効果は、顔の化粧や全身にまとう洋服以上の安心感である。ネイルの装飾は、実のところあまり男性のウケがよくない……ということもある。それでもネイルアートが、程度の差こそあれ、多くの女性たちに好まれているのは、それだけ**自分を愛したい、自信をもちたいと願う**ということなのかもしれない。

> ネイルなど、ファッションは気分を変えたり自信をもったりするための小道具としては有効。ただし、それにしか頼れないのなら問題。

猫なで声

意味	相手の機嫌を取るために優しく媚びる声
類義語	甘え声／鼻にかかった声／下心／見せかけの態度
場面	何か頼み事があるとき

猫なで声とは、複数の解釈があるが、一般には猫がなでられているときに出す声だ。**普段は出さないような、優しく甘えるような声の比喩**として使われる。本来の声ではない声を出すとき、そのトーンの中に何らかの意図が含まれていると考えてもおかしくない。実際、女性が猫なで声を発するときは、「**相手の気を引きたい**」「**お願い事がある**」「**甘えたい**」「**相手の怒りを鎮めたい**」などのニュアンスを含んでいる。恋人など、愛情表現としてそのような声を発してもそれほど不自然には感じないだろう。しかし、なかには自己保身のためや何か裏があって猫なで声を発する女性も少なくない。そばでそれを見ている人には、当然のことながらウケが悪い。**頻繁に使う人には、「ぶりっ子」というレッテル**が貼られることになる。

> 猫なで声には、自分を女性らしく見せ、それに免じて許してもらおうという魂胆が見え隠れする。使いすぎると逆効果となるので注意。

パート仲間

意味	パートで働いている職場の同僚
類義語	フリーター仲間／アルバイト仲間
場所	パートで働いている職場

パートタイム労働は、**その雇用形態から今も女性の占める割合が高い**。そのうえ、正規社員と比べると組織内での立場は弱いため、どうしてもパート仲間同士での人間関係が濃密になりやすい。スーパーマーケットなど地域色の強い職場なら、地元での長期雇用率も高いため、いっそう人間関係は見過ごせない問題となるだろう。**特にパート仲間で発生しがちなのは、年齢や就業期間からくるヒエラルキーの問題**だ。子育てを終えた主婦たちがパート仲間内で権力を握ることも多く、新人パート従業員は、彼女らとどううまくやっていくかが、その後の労働環境を大きく左右することになる。といって、あまり取り入りすぎると、アゴで使われることにもなりかねないので、その距離感のとり方を慎重にする必要がある。

> 新人パート従業員は、ベテランに指導される立場。敬意を払うのは当然だが、プライベートにまで立ち入った関係になると面倒なので一定の距離を保とう。

発表会（はっぴょうかい）

意味	保育園・幼稚園の歌や演技を披露する会など
関連語	卒園式／運動会／学芸会
場面	習い事などの総まとめの会

保育園・幼稚園の発表会は子どもの晴れ舞台。芝居を披露するなら、母親としては自分の子どもに主人公を演じさせたい。それが無理なら、お姫さま役や妖精役で、悪役や泥棒にはなってほしくない。そうした親の思惑が衝突するためか、先生方は役決めに苦労する。結局、主人公を7人、お姫さまも7人登場させ、悪役や兵隊は先生方が演じるケースもある。目立たせることだけを考えて、全員で作品を作り上げるという共同作業の重要性をわかっていない。**親の見栄や虚栄心**がこのようなことを引き起こさせている。

自身の子どもに注目したいのはわかるが、あくまで子どもたちの晴れ舞台である。親は温かい目で見守るだけにしたい。

> 発表会は子どもの晴れ舞台。どの母親も自分の子どもに主人公やお姫さま役を演じさせたいと考えるが、本来の目的を考え直す必要がある。

八方美人（はっぽうびじん）

意味	人から嫌われることを恐れ、愛嬌を振りまく人のこと
類義語	ごますり／おべっか／愛想がいい／人あたりがいい
場面	自分をよく見せたい、嫌われたくない

八方美人とは、**まわりの人みんなによい顔をして好かれようとする人を揶揄して言う言葉**。好かれようとすること自体は悪いことではないが、こうして揶揄されてしまうのは、本音を隠していると見抜かれているからだ。

人に嫌われたくないという欲求が強く、四六時中、他人の目を意識した生活を送っている。周囲から気に入られることが最優先事項になり、自分の本当にやりたいことや目標達成のために必要な行動も後まわしにしがち。結果的に、まわりの顔色をうかがうことに神経をすりへらし、人間関係に振り回されるようになる。自分のイヤなことを我慢してまで周囲に合わせる必要はない。人に好かれようとするよりも、素直でいられる自分になる努力をしたいものだ。

> 八方美人という言葉に皮肉なニュアンスがあるのは本音を隠して周囲におもねっていると思われているから。我慢してまで周囲に合わせる必要はない。

母 はは

意味	子どもの女親のこと
類義語	ママ／お母さん／おふくろ／母性／グレートマザー
使い方	母は憧れの存在

　自分を生んで育てる母親は、誰にとっても特別な存在だ。そもそも、多くの人にとっては保護者となるのだから、母親という存在が大きなものであるのは当然といえる。母親がいない人、母親とのつながりが薄い人もいるが、そのような人にとっても「他の人が当然のように得られているものを得られなかった」という意味で、やはり母親は特別な存在になる。また、**父親と比較して母親は子どもと一緒にいる時間が長い家庭が多く、そのような家庭では自然と父親より母親のほうが子どもに大きな影響を与えることになる**。

　誰かを特別視すること自体は悪いことではない。友情も愛情も尊敬も、特別視のひとつの形だ。だが、その方法や相手との関係次第で、問題が起きることもある。母親は誰にとっても重要な存在であるのだから、それだけ母親との問題を抱えているケースも多くなるのは当たり前のことだといえるだろう。**母親に対して過剰な執着を覚えれば、それは母親コンプレックスと呼ばれる問題となる**。母親に対する執着が、父親と争って母親を独占しようとする形で現れた場合は、エディプスコンプレックスと呼ばれる。逆に、母親が子どもに対して過剰に執着し、子どもの成長や人生を妨げてしまうケースも数多く見られる。

●グレートマザーとの対決

　ユング心理学では精神の典型的な働きを元型と呼び、分類している。子どもを慈愛豊かに育む一方で、子どもを束縛し、破滅に追いやってしまうこともある母性的な元型を、ユングはグレートマザーと呼んだ。男女を問わず、大人として自立するために、グレートマザーと対峙することを避けることはできない、としている。

> 人が大人になるためには自分の中のグレートマザーとの対決を避けることはできない。グレートマザーを克服することで一人前の自立した人間として扱われるようになる。

ミニコラム　ユング心理学

　ユングは、スイスの精神科医・心理学者です。フロイトの一番弟子であり、分析心理学を創始しました。ユングは心的構造を意識と無意識に分け、無意識の中にコンプレックスが存在すると考えました。ここでのコンプレックスは複合意識のことです。例えば「母親コンプレックス」とは、「母親にもっと愛されたい」と思う一方で、「束縛されたくない」といった敵意をもつなど、母親に対するさまざまな感情が結びついています。

母親依存
（ははおやいぞん）

意味	母親に密着し、なかなか自立できないこと
類義語	母娘密着／母親コンプレックス／マザーコンプレックス
使い方	彼女はすべてが母親依存らしい

　進学や就職、恋愛、結婚といった人生の重要イベントを母親任せにしている人は少なくない。実家住まいなら成人しても、食事や洗濯、金銭の管理、身の回りの世話まで母親に頼りっぱなしの人も多い。場合によっては結婚して夫婦二人で新居を構えた後も母親に過度に依存し、いろいろなサポートを受け、なかなか自立できない人もいる。

　そのような状態を母親依存と呼ぶ。母親依存は心理学で言うところの**母親コンプレックスの一種で、母親コンプレックスとは、何歳になっても母性（子どもを生んで育てる性質）にこだわるあまり、問題が起きている状態を指す。**

　母親コンプレックスには、母親に依存するケース以外にも、母親に対抗しようとするケースや、母親を排除しようとするケースなども含まれる。いわゆる和製英語のマザコンと言葉は似ているが、一般的にマザコンは思春期以降の男性が母親に対して依存したりフェティシズムを感じたりしている状態を指し、それは母親コンプレックスの一種ではあるものの、母親コンプレックスと同じ概念ではない。

● 母親離れが日本人の課題

　母親依存が強くなりすぎると、子どもが自立して親の保護を離れる親離れも、親が保護者の役割をやめて自立した個人として子どもに接するようになる子離れも簡単にはできなくなってしまう。どこかの時点で子どもは自立しなければならない。

　具体的には思春期以降は母親と寝室を別にしたり、社会人となったら、一人暮らしを始めたりして母親との過度の結びつきを断ち切りたい。

子どもは、どこかの時点で自立する必要がある。一人暮らしを始めるなど物理的に母親のもとから離れるのが最も手っとり早い方法。

派手(はで)

意味	行動や衣装、メイクが華やかで目立つこと
類義語	けばけばしい／どぎつい／チャラい／きらびやか／カラフル
使い方	「あぁ、あの服装は派手だよね」

派手な格好をしている人の多くは、自分に自信があるタイプと、逆に自分に自信がないタイプの両極端に分類できる。

自分に自信があって派手な格好をしている人は、それが自分に似合うと考えてやっている。本当に似合っているかどうかは、自分を客観視できているかどうかの問題である。

自分に自信がなくて派手な格好をしている人は、意識的にせよ無意識的にせよ、その派手な格好を自信のなさを隠すための小道具として利用している。自分の気分を変えるために利用するという程度なら有用だが、**頼りすぎるとその格好のイメージに引きずられて自分らしくない無理のある言動**をとってしまったりする。

> 目立つということは心地よくもあるが、顰蹙(ひんしゅく)を買うなどのリスクも伴う。派手すぎないか、自分を客観視できるように努めたい。

華(はな)がある

意味	美しく、気品があり、輝いている様子
類義語	キレイな／絢爛(けんらん)／スター性がある／光っている
使い方	「あの娘は華があるよね」

魅力的で周囲の目を引いてしまう、目が離せなくなるのが「華のある人」。**年齢に関係なく、明るい雰囲気がある人や笑顔が素敵、しぐさが美しい、日々を楽しんで生きている人**などがそれに当たる。自分から「なりたい！」と思っても、もって生まれたものや育ちが関係することもあり、すぐになることは難しいだろう。身近にそのような人がいれば、どんな特徴があるのかを意識してみて、それに近づけていくということはできるかもしれない。

ただ、華のある人は周囲にいる人も輝かせる効果がある。よい特徴の影響を受けて、ハロー効果（→P162）が発揮され、一緒にいる人にも注目が集まったり、魅力的な人物だと思われたりすることもある。

> 華がある人は見た目だけではなく、生き方なども魅力的な部分がある。憧れている人がいれば、マネするのもよいだろう。

腹を決める

意　味	決断すること
類義語	覚悟を決める／清水の舞台から飛び降りるつもりで、腹をくくる
使い方	腹を決めて起業することにした

思い切って何かを決断することを、腹を決めるという。進路変更や留学、転職など、自分にとって大きな転換を決断するときなどに使われる。勇気をふり絞ることやその後の人生がかかっていたり、後戻りが利かなかったり、難易度が高かったりするため、**冷静で合理的に判断・意思決定**をすることが大切になる。

悩んでいることがあったら、経験や知識がある人や身近な人に相談するのもよいだろう。そこから具体的な解決策が見えてくることもある。ただし、**その後に決断をするのは自分自身**。内容によっては、決定までに時間がかかっても。よく考えてから、「腹を決める」必要がある。そうすれば失敗したときに後悔の気持ちが起こったとしても納得がいくようになるはずだ。

> 人生の転換点になるポイントで腹を決める必要がある。決断してから後悔をしないためにも、よく考えることが大切。

張り合う

意　味	強さや魅力を比べ合うこと
類義語	競い合う／対抗する／負けん気が強い／勝負する
使い方	勉強でもスポーツでも負けたくないので、張り合っている

誰かが旅行に行った話をしたら「そこ、私も行った」と口を挟んだり、友人がブランドもののバッグを買ったら自分もブランドものを身につけたり、些細なことでも張り合おうとする人がいる。こういった人の多くが負けん気が強く、どんな分野でも自分が一番でないと気がすまないから、周囲をライバル視して、張り合ってしまいがちだ。「彼女に負けたくないから」と懸命に勉強して成績アップにつなげるなど**張り合う気持ちが、いい結果を生む場合もある**。

半面、何をしても「私はあなた方とは違う」「私のほうがあなた方より優れている」という気持ちが透けて見えるので、周囲からは敬遠される。張り合ってばかりでは、いつか孤立する。相手に協力したいという協調性も身につけていきたい。

> 張り合う気持ちがプラスになる場合はあるが、優位に立とうとする負けん気の強さが周囲から敬遠されがち。相手に協力したいという協調性も必要だ。

バリキャリ

意 味	「バリバリなキャリアウーマン」を略した言葉
類義語	手際がよい／能力・スキルが高い／プロフェッショナル
場 面	外資系企業などで働いて活躍する女性

仕事とキャリアを重視し、バリバリと精力的に働く女性を指す。稼ぎも多く、往々にして趣味も多彩だが、仕事に忙殺され、プライベートを楽しむ時間は少なくなってしまうことも。**自己評価が高く、自分に自信をもっている**。社長になったり、独立して企業を起こすなど、行動力もある。

ある程度の年齢になると、友だちと会ったときなどに、生活などの違いから隔たりができており、話が合わないことなどが起こることも。そのため、バリキャリの女性は同じような立場にいる人との付き合いが多くなりがちだ。また、人脈を広げるために、交流会などに参加することもあり、ビジネスに関わる人間関係が広がっていくことが多い。

> バリバリと精力的に働く女性は自己評価が高く、行動力もある。自分と同じようにバリバリと働いている仲間との付き合いが多くなりがち。

バレンタインデー

意 味	世界各地で祝われるカップルの愛の誓いの日。2月14日
関連語	チョコレート
使い方	バレンタインデーに友チョコ（→P138）を渡す

3世紀のキリスト教殉教者、聖ヴァレンティヌスの祭日。もともとは宗教的行事だったが、14世紀ごろから若い人たちがカードを交換したり、贈り物をしたりする日になった。日本では独自の発展を遂げ、チョコレート業界の努力もあり、「女性が意中の相手にチョコレートを贈り、愛の告白をする日」として定着した。もっとも、「義理チョコ」「友チョコ」「ホワイトデー」などが生まれたことで、**「愛を告白する日」という意味も薄れつつある**。

ただ、国民的行事となったことで、内向的な女性やシャイな女性であっても自分から相手に告白することに、さほど抵抗感をおぼえない。この日を告白するチャンスにして、それからの関係がうまくいくこともあるだろう。

> バレンタインデーは日本で独自の発展を遂げ、女性から愛を告白する日となった。今では友チョコなど、様式がかわったものの、定着イベントになっている。

ハロウィン

意　味	毎年10月31日に行われる祝祭。仮装して街を練り歩く
類義語	収穫祭／コスチューム・パーティー／コスプレ
使い方	「今年のハロウィンは、どんな仮装する？」

ハロウィンでは大胆なメイクをしても、誰も不思議に思わない。本格的な仮装も多く、最近流行のゾンビメイクは、あまりの迫真性に見た人が恐怖感さえおぼえるほど。日本でもハロウィンは、すっかり定着、簡単に変身願望がかなえられるビッグイベントになった。

非日常的な体験である変身や仮装は、**仮面、つまりペルソナの役を果たしていると考えられる**。ペルソナとは演劇で登場人物がつける仮面を指し、心理学者のユングは、その言葉を借りて**「周囲に適応しようとして演じている社会的役割」**をペルソナと表現した。仮装をすると、その衣装に気分が影響されることで大胆なふるまいをするようになったり、逆に素性を隠していることで本来の性格が現れたりするケースがある。

> ハロウィンの仮装をすることで大胆な性格に変わったり、日頃隠していた本来の性格が現れたり、非日常体験を楽しむことができる。

パワースポット

意　味	心霊的なエネルギーに満ちた特別な「場」のこと
類義語	聖地／霊場／ヴォルテックス／サンクチュアリ／気場
使い方	「あの神社はパワースポットとして有名だけど、"気"を感じなかった」

1990年代から、日本では特別な力がみなぎっている場所として、パワースポットがブームとなり、2000年代になると風水やスピリチュアリズムにも注目が集まったことで、パワースポットをめぐる聖地巡礼が人気になった。山岳や峠、神社仏閣などがパワースポットとして再評価され、女性人気も高まった。本来なら厳格な修行や祈りを経なければ得られないパワーを「そこに行く」だけで得られると信じて、宗教・信仰の簡便な代替品と見なされることもある。

パワーが得られるかどうかはさておき、パワースポット訪問は一種の非日常体験なので、**日常生活で負ったストレスや、嫉妬・攻撃性などの負の感情を発散・軽減させる効果**がある。

> パワースポットへ行くことは非日常体験。日常のストレスや、嫉妬・攻撃性などの負の感情を発散させる効果がある場所と考えられる。

PTA
ピィーティーエー

意　味	保護者が学校を支援する組織・活動
類義語	保護者会／父母会
使い方	「今年もPTAの係決めが近づいてきた。何とか逃げたい」

PTAとは、「ペアレント（parent・保護者）・ティーチャー（teacher・教職員）・アソシエーション（association・団体）」の頭文字をとったもので、各学校で保護者と教職員によって組織された学校支援団体を指す。実質的には保護者会で、会長、副会長、書記、会計などの役員のほか、いろいろな係（委員会）が置かれ、学校活動を陰に陽にサポートしている。

保護者（特に母親）にとって頭が痛いのは**年に１回行われる係決め**だ。どんなに小規模でも運動会を支援する体育委員会、講演会などの企画・運営する文化委員会のほか、図書・園芸・広報委員会などが置かれ、関係する行事の前後には頻繁に学校に顔を出さざるを得ない。共働き世帯が多くなったことで、保護者がPTA活動に割ける時間は確実に減った。

●保護者がペルソナを脱ぎ捨てる

大半の学校ではPTAは平日に行われる。この会に出席しないと自動的に多忙な係を割り振られるので、出席しないわけにはいかない。係決めの会は親同士の思惑が交錯する丁々発止の修羅場と化す。

委員会に参加せずに済ませたいと考える人もいるだろうが、児童・生徒の人数が少ない学校の場合、そうもいかず、あまり忙しくない委員会からメンバーが決まっていくことが多い。メンバーが決まれば委員長を選出しなければいけないが、委員長の仕事量・責任は大きく、簡単には決まらない。

係決めの会は保護者の本音が噴出、怒号さえ飛び交うこともあり、**普段かぶっていたペルソナは簡単に脱ぎ捨てられる**。

> PTAは実質的に保護者が学校活動をサポートする場である。共働き世帯が多くなったことで、保護者がPTA活動に割ける時間は限られるようになった。係決めでは、できるだけやりたくないという本音から怒号さえ飛び交うこともあり、本性が出やすい。

控え目（ひかえめ）

意　味	慎ましく、自分から目立とうとはしない性格
類義語	質素／慎ましい／慎み深い／地味／慎重／謙遜
使い方	控えめで冒険しないタイプ

試験の成績がよかったり、仕事がうまくいったりしたときも、喜びをあらわにせず、控えめな態度をとる人がいる。もともと慎ましい性格の人もいるが、女性は成功を認められたいと思う半面、そのことを大げさにアピールして注目を集めたくないと思う気持ちをもっている。これを**成功回避動機**という。

アメリカの心理学者ホーナーは医学部の男女の学生にトップの成績を修めたときの物語を書いてもらった。「たまたま1位だった」といったマイナス面を強調する文章があった場合、成功回避動機を示していると考えた。結果を見ると男子学生で成功回避動機を示した者が9.1％に対し、女子学生では65.5％だった。女性のほうが圧倒的に控えめにふるまっていたわけだ。

> 大成功したときも控えめな態度をとる女性が多い。大げさに喜んで注目を集めて嫉妬の対象となるより、平穏な生活を送ることのほうを望むからだ。

美人（びじん）

意　味	美しい女性
類義語	美女／麗人／ビューティー／別嬪（べっぴん）／美形
使い方	女優さんのように美人だと思う

女性にとっての美人とは顔形だけでなく、素肌美人というように肌がキレイであることや、ヘアスタイルが似合っているかなどの細かな点も判断の基準になるだろう。また、全体的な雰囲気なども美人の条件になる。性格美人といった言葉もあるように、外見だけを表すものではない。

女性は美人に対して**嫉妬心をもちやすい**。生まれもった美しい容姿は手に入らない、男性からモテる、中身が伴わなくても外見だけで世の中をうまく渡っていけそう、といったことが理由に挙げられる。一方で**憧れの対象**であり、「なりたい顔ランキング」が発表されたり、人気モデルの着用した服が飛ぶように売れたりすることもある。美人は憧れであり、嫉妬の対象となるのだ。

> 美人の外見だけでなく内面も見ることが多い。手に入らないものをもった美人に対して、憧れたり嫉妬したりする。

人の話を聞かない

意味	人の話に耳を傾けない、あるいは聞いていても頭に入っていないこと
類義語	無視／シカト／聞く耳をもたない／馬の耳に念仏／馬耳東風
場面	集中して話を聞けないとき／自分の話ばかりする人

人の話を聞かない人には**注意力散漫なタイプと傲慢なタイプ**がいる。注意力散漫な人は話を聞こうとしても、すぐに他のことに注意・関心がいってしまい、どうしても聞くことがおろそかになる。傲慢な人は**自尊感情や自己万能感が強いが、根底には自信のなさや恐れが隠れているために**、人の話に真剣に耳を傾けることができない。どちらのタイプも、話をしているほうは無視されたと感じ、いい印象・感情をもたない。

相手が上司であれば、小さな復讐をされる場合もある。出世や成功を望むならば、ポーズだけでも真剣に耳を傾けるべきだ。それに、人のスピーチには参考になることが多い。中身のない空疎な話でも「こういうふうに、しゃべらないほうがいい」と反面教師になる。

> 人の話を聞かないと相手は無視されたと感じる。自分の本来の姿と向き合って、自分の弱さや恐怖を減少させるためも、人の話に耳を傾ける努力をしよう。

人のものを欲しがる

意味	他人のもっているものを求める・願う・望む
類義語	隣の芝生は青い
使い方	人のものを欲しがってばかりで、自分から人にあげることはしない

何か見せたら、すぐに「それちょうだい」という人がいる。そのもの自体が欲しいというより、「ちょうだい」と口に出すことが習い性になってしまい、意識しなくても口に出てしまうのだ。ゲーム感覚に近いから、断られても、さほど気にしないし、もらったとしても、たいしてありがたがらない。欲望をコントロールできない人も、よく「ちょうだい」ということがある。普段の生活では「あれが欲しい」「これが欲しい」と思っても、経済的な事情などにより、すべてを手に入れることはできない。**欲求不満が高じて人のものが欲しくなる**のだ。

相手より優位に立とうとして相手のもっているものを欲しがる人もいる。これがエスカレートするとものだけでなく、恋人や友人も奪おうとするので要注意。

> 習い性になっている人、欲望をコントロールできない人、相手より優位に立とうとする人が口にしやすい。

干物女(ひものおんな)

意 味	だらだらとした生活を送り、恋愛から遠ざかっている女性のこと
類義語	負け組／シングル／自然体／飾り気がない／ありのまま
使い方	「年齢イコール彼氏いない歴の干物女です」

も ともとは、ひうらさとる氏のマンガ『ホタルノヒカリ』の主人公のだらしない生活ぶりを指した言葉。後にテレビドラマ化され、綾瀬はるかが主人公を演じ、人気を呼んだ。毎日、会社から帰るとジャージに着替え、マンガを読みふける。恋愛からは遠ざかっており、休日も外出せず、家でゴロゴロしていることが多い。作中では、ぐうたらな生活も含めて干物女と呼ばれたが、言葉がひとり立ちし、主に恋愛に縁のない女性を指す言葉になっている。

恋愛に対して積極的な肉食系女子とは好対照だが、実は両者とも「人から、どのように見られているか」よりも、**自分の気持ちや「自分自身が、どのように思うか」を重視する「私的自己意識」が強いタイプ**と考えられ、意外に共通点が多い。

> 干物女は私生活ではだらしないが、自分の生活や性格をダメとは思っていない。仕事はソツなくこなしており、精神的には安定している。

品(ひん)がある

意 味	おごそかで、品のいい雰囲気をまとっている
類義語	上品／威厳がある／気高い／風格がある／高貴／高潔な
使い方	ちょっとしたしぐさにも品がある

品 がある人の特徴として、次のようなことが挙げられるだろう。①しぐさがキレイ、②姿勢がいい、③人の悪口を言わない、④正しい言葉遣いをする、⑤落ち着きがある、⑥字がキレイ、⑦謙虚、など。品がある人のまわりにいる人も、同じようなタイプが見られる。

褒め言葉として「品がある」「上品だ」ということを使うと、相手に喜ばれるだろう。大人の女性にとって、目指したくなる形容詞のひとつともいえる。**男女共に、このような人は好感度がとても高い**。雰囲気からも内面の上品さが伝わってくるものであり、ネガティブなイメージをもたないので、多くの人が惹かれるのであろう。

> 品がある人は見た目だけでなく、内面からも上品であることがわかるものだ。大人の女性にとって、ひとつの目指す指標といえるかもしれない。

ファッション

意味	服装や美容、行動などの様式
類義語	流行／モード／風潮／トレンド
使い方	80年代のファッションみたい

　ファッションや流行に敏感な人は他の人に影響されやすい他人志向型の可能性がある。他人志向型とは日頃からファッションリーダーやインフルエンサー、周囲の人たちの言動に強い関心をもち、彼らの意見や好み、流行から外れないようにと気を配っている人をいう。

　アメリカの心理学者ミルグラムがニューヨークで行った実験では、3人のサクラが特定のビルを見上げて去っていったとき、通行人の6割が立ち止まって同じビルを見上げた。次に6人のサクラが見上げると通行人の8割が同じ行動をした。サクラが多くなればなるほど、同じ行動をする人が増えたわけだ。**他人志向型の人は周囲の意見に流されやすい**。何かをするときは冷静になって考える必要がある。

> ファッションは女性にとって重要なテーマのひとつだが、他人志向型の人は流行を気にしすぎる傾向にあるので、冷静になるように意識する。

ファッションリーダー

意味	ファッション業界で流行やトレンドを生み出す力・影響力をもっている人
類義語	インフルエンサー／影響力がある人／オピニオンリーダー
場面	学校で目立つ女子／インスタなどのSNS

　ファッションリーダーは流行やトレンドをつくり出す人。単に服飾業界だけにとどまらず、アクセサリーや美容、音楽、行動様式や文化に至るまで大きな影響力をもつ場合もある。SNSで発信するだけで多くの人が関心をもち、取り上げた商品やサービスが、あっという間に売り切れてしまうことも。影響力のある人をインフルエンサーと呼ぶ。**ファッションリーダーには個性的な人が多い**。他の人と違っていたいという気持ちをユニークネス（独自性）欲求といい、ファッションリーダーはユニークネスを大切にするという。アメリカの心理学者クレッチとクラッチフィールドらの性格分類によると、目立ちたがりの人は「個性的」「ユニークネス」と評されることを褒め言葉として受けとるとした。自身を的確に表す言葉なのだろう。

> 流行やトレンドをつくり出すファッションリーダーには個性的な人が多く、他の人と違っていたいという気持ち（ユニークネス欲求）を大切にする。

部下（女性の部下）

意　味	上司の指示・命令に従って行動する人
類義語	フォロワー／配下／従業員／スタッフ
場　面	職場／アルバイト先

女性は**仕事のプロセスと良好な人間関係**に重きを置くことが多いといえる。女性の上司と部下の組み合わせの場合、態度がキツイということがある。上司と部下の関係だけでなく、同性だからこその嫉妬（→P107）が見え隠れする場合は特に起こりやすい。

女性の上司に対しては、基本的な挨拶や連絡・相談をすることはもちろん、同性だからといって上司に甘え、プライベートに踏み込みすぎたり、私的な相談をもちかけたりするようなことはしない。距離が近くなりすぎることから、タメ口にならないなどの気遣いも大切になる。上司から部下に対しても同様に、適度な距離感を保つことが重要になる。

> 女性の上司と部下の関係は複雑なことがある。嫉妬を買うような態度をとらない、プライベートに踏み込みすぎないなど、注意が必要。

部下の操縦術

意　味	部下の力を上手に発揮させる方法
類義語	リーダーシップ／指揮の仕方／統率力
使い方	「あの人って部下の操縦術に長けているよね」

女性の場合、人の表情やしぐさなどから相手の調子を読みとる能力が優れているので、部下との**ノンバーバル（非言語）コミュニケーション**に長けている。ただし、仕事の進め方など複雑な話になると言語によるコミュニケーションが欠かせない。

アメリカの心理学者ザイアンスの「認知性の法則」によると、人は相手の内面を知れば知るほど好感をもつ。知っている人には、さらに優しく接し、知らない人は冷淡に扱い、時には攻撃的にすらなるという。

上司と部下の関係も同様。男女を問わず、部下とはマメに接触し、**自己開示（自分の内面をさらけ出すこと）**などを交え、良好なコミュニケーションをとる必要がある。部下との円滑な関係の構築が仕事成功の第一歩だ。

> 人は相手の内面を知れば知るほど好感をもつ。部下とのコミュニケーションをとり、時には自己開示することで相手との距離も縮まる。

腐女子 (ふじょし)

意味	男性同士の恋愛を描いた小説、マンガを好む女性
類義語	やおい／ヤオラー／腐女／貴腐人
使い方	「総務課のA子さん、乙女ロードで見たの。腐女子かもしれない」

ボーイズラブ（BL）と呼ばれる男性同士の恋愛を描いた小説やマンガを好む女性を指す。やや年齢が高い腐女子を貴腐人と呼ぶことも。**多感で、想像力が強いの**で、ボーイズラブや同性愛を描いた作品でなくとも、普通の小説やマンガ、ドラマで男性同士のからみがあると同性愛的な視点で捉えてしまう。そうした思考や傾向を、自嘲をまじえて「腐っている」と表現したことから生まれた言葉だ。同じ趣味をもっているために関係を築きやすくなる。また、テレビドラマ『おっさんずラブ』が人気を呼ぶなど、BL市場は拡大しつつある。彼女たちがBLを好む理由のひとつとして、BLの当事者**のどちらかに自己を「投影」しているのだという意見もある**。性の多様化による影響で、考え方はひとつでなく、広がりを見せていることが関係しているのかもしれない。

> 一般的に想像力が豊かだとされる腐女子。同じ趣味の仲間ができるとコミケ（コミックマーケット）などで交流したりと関係を築きやすい。

ふてくされる

意味	不満・不平をもち、すねた態度をとること
類義語	なげやりになる／自暴自棄になる／いじける／機嫌が悪い／不機嫌になる
場面	自分の思い通りにいかないとき

物事が計画通りにいかず上司から叱責されたり、自分ができることはやったのに高い評価が得られなかったりしたときなど、ふてくされた態度をとる人がいる。いろいろなケースがあるが、実力が認められていないと感じたときに、ふてくされることが多いようだ。人間には**自分を他者に認めてもらいたいという欲求（他者承認欲求）**があるので、正当に評価されたいと思うのは当然のこと。誰だって誤解されたままでは面白くないものだ。

いじけてしまうのも無理はないが、ふてくされても、何のプラスにもならない。かえって周囲から「あの人は扱いづらい」という烙印を押される。そういうときは自分自身を客観的に見て、**ふてくされた原因は何かを明らかにする**ことから始めたい。

> 原因を明らかにできれば、次に自分がどういう行動をすればいいのか、周囲の誤解を解くために何ができるかを考え、実行する。

ブランド好き

意　味	ブランド品を好んで購入する人
類義語	目立ちたがり／買物がやめられない
使い方	ブランド好きで借金を重ねる

ブランド好きの心理は富裕層を除けば3つに分けられる。ひとつは虚栄心や自己顕示欲が強く、ブランド品の力を借りて実力以上に大きく見せようとする人。2つ目は「自分はたいした人間ではない」「自分には自慢できるものはない」と自己評価は低いのに、「人から認められたい」という欲求は強く、ブランド品を買うことで**他者承認欲求を満足させている人**。3つ目はブランド品を買うことに依存している人。もし、その依存的な習慣が何か問題を引き起こしているのにやめられなければ依存症が疑われるかもしれない。

ひとたび依存症になってしまうと、自分の意思の力だけで抜け出すことは困難だ。自助グループやカウンセリング、心療内科などの力を借りることが望ましい。

> ブランド好きの人には自分を実力以上に大きく見せたい人、「人から認められたい」と願う他者承認欲求の強い人、ブランド品の購入に依存している人などがいる。

不倫

意　味	配偶者以外と交際すること
類義語	姦淫／密通／不義／浮気
使い方	課長とA子さんのダブル不倫

破滅願望があるわけでもないのに不倫に走る男女は多い。その具体的な理由はさまざまだ。配偶者に不満があるから。普段の生活で得られない高揚感が欲しいから。単純に性欲が抑えられないから。あるいは、予備の相手を確保しておきたいから。それらに共通するのは、**現状の生活に満足していない**ということだ。

相手が生活に何を望んでいるのかを話し合い、お互いに日々の生活を楽しむ余裕をもつことで、不倫をされる可能性や、自分が不倫をしたくなる可能性を減らすことができる。それでも相手が不倫をしたいのであれば、お互いの関係や心のどこかに問題が隠れていることも考えられる。もし結婚生活を続けたいなら、**カウンセリング**などに**通い、お互いの関係を根本から見直す作業**が必要だ。

> 不倫には配偶者との現在の関係性が大きく関わっている。現状への不満が起こす行為ともいえ、生活や互いの考えを見つめ直したい。

プレゼント

意　味	贈り物
類義語	贈答品／ギフト／おみやげ
場　面	誕生日／クリスマス／お祝い／記念日

　プレゼントは仲の良い相手、これから仲良くなりたい相手に贈るもので、好意の表明と考えられる。「好意の返報性の原理」（→P167）から好意は好意で返されるので、人間関係づくりの有力な手段のひとつだ。ただし、あまりに高額なものは感心しない。
　短編の名手オー・ヘンリーに『賢者の贈り物』という作品がある。貧しい夫婦が相手にクリスマスプレゼントを贈るお金を工面することにした。夫は自慢の懐中時計を質に入れ、妻の美しい髪を飾る「ベッコウのくし」を買った。妻は夫の懐中時計をつるす「プラチナの鎖」を手に入れるため、髪の毛を切り落として売ってしまった……。皮肉な行き違いに見えるが、作者は「賢者の贈り物」と名づけた。プレゼントの背後にある心こそが大事なのだ。

> プレゼントは人間関係づくりの有力な手段のひとつだが、いきなり高額なものを贈るのは感心しない。警戒心を抱かれ、距離を置かれてしまう危険性がある。

プロ彼女（かのじょ）

意　味	自分のメリットのために、相手の望む女を演じる
関連語	女子力が高い
使い方	彼の新しい恋人はどうも怪しい。プロ彼女なのでは？

　もともとプロ彼女とは「男に都合のよい彼女を演じてお金や物、ステータスなどを得る、よくいえばしたたかな、悪く言えば狡猾な女性」という批判を込めて作られた造語。「プロ」というのは「彼女になることで生計を立てている」という意味と「プロフェッショナルのように念入りに演じている」という意味がある。
　しかし、近年は「浮気されても怒鳴られても、いいように使われても文句を言わない、男にとって都合のいい女」が女性のあるべき姿だとして奨励し、それを「プロ彼女」と呼んで褒めそやすという誤用が広がっている。そのように考えている人が望むのは「愛する彼女」ではなく「都合のいい女」なのだろう。

> プロ彼女には、男性を手玉に取るしたたかな女性と、媚びて服従することでしか関係を結べない心の弱い女性の両極端がいる。

弁当作り(べんとうづくり)

意味	自分、夫、子どものお昼ごはん
関連語	見栄え／張り合う
使い方	毎朝、弁当作りが負担

弁当の中身をどうするかは時と場合によっては難問だ。忙しいとつい時間（時短）を最優先しがちだが、**見栄え（彩り）、栄養バランス、味、予算、衛生、調理にかかる時間などを考慮しなければいけない**。主婦であれば、夫や子どもの嗜好や食べる量などに加え、弁当を開けたときの他人の視線や評価も気になってしまうことだろう。

最近はインスタグラムなどのSNSに弁当の写真を投稿するようなことも多く、以前よりも見栄えが重視されるようになっている。そういったこともあり、弁当作りが大きなプレッシャーとなっている人もいるのだ。そのようなことに疲れてしまったら、**弁当の本来の目的**に立ち戻るようにすればよい。

> 弁当は他人の視線・評価にさらされるからと思うと、毎日頭を悩ませることになる。インスタ映えなどを意識せず、そもそもの弁当に立ち戻るときが来ている。

法事(ほうじ)

意味	死者の冥福を祈るために忌日に行われる儀式
類義語	初七日／四十九日／一周忌／三回忌／弔事／法要
使い方	「明日は法事があるので参加できません」

法事とは仏教で、亡くなった人の冥福を祈るため、亡くなった人に近しい人が集まり、忌日に行われる儀式を指す。近年では一般的に初七日は葬儀と同時に行われ、一周忌、三回忌以外は家族・親族だけで実施されることが多い。他家から嫁いだ女性にとっては法事が行われる日は気苦労が多い。

地域や家族によって法事のやり方・作法は異なっているのに加え、当日は、いい意味でも悪い意味でも親族の視線が嫁に集まりやすい。こうしたときは、**受け入れてくれそうな相手を見つけ、「教えを乞う」気持ちで接近する**のもひとつの方法だろう。しかし、あまり距離が近くなると陰口の的になることも。実際に会う回数は少ないのだからと割り切れば、親族の中に無理に入る必要もない。

> 法事は気苦労が絶えない。誰かを味方にするという方法もあるが、心理的には割り切って、親しくなろうとするよりは、距離を置くのも悪くない。

ホームパーティー

意味	自宅に招待し、料理をふるまうこと
類義語	お呼ばれ／おもてなし／接待／歓待
使い方	「ホームパーティーに呼ばれたんだけど、何をもっていけばいい?」

ホームパーティーを主催したり、飲み会の幹事を務めたりする女性には3つのタイプがある。ひとつは**自己評価が高く、世話好きでリーダーシップをとることが得意なタイプ**。精力的に行動するので、面倒、やっかいごと、多少の失敗を気にしない。自信にあふれ、不安や緊張を楽しむ余裕があるため、スピーチやパフォーマンスも成功することが多い。世話好きであるため、こうした女性が開くホームパーティーは明るく楽しいので、ゲスト(参加者)も満足感をおぼえる。

2つ目は、自分が**女子カーストの最上位にいることを確認するためにホームパーティーや飲み会を開くタイプ**。ゲストを招いて歓待するというよりは、自分より下位の者たちを呼びつけて、彼らの振る舞いによって、自分の地位を確認し安心するという意図が見え見えで、参加者も心から楽しむことはできない。

●大勢に囲まれるのが大好き

3つ目は、**大勢の人に囲まれることが好きなので、ホームパーティーや飲み会を頻繁に開くタイプ**。さびしがり屋で、ひとりや少数でいることに耐えられない。パーティーの写真を大量にSNSに投稿し、自分には仲間がたくさんいて孤独ではないことを周囲や自分にアピールする。ゲストに満足してもらえないと次回に影響するのでうまくいくように努力はするが、パーティー自体を好んでいるわけではないので空回りすることも。

ホームパーティーに出席することで参加者らとの関係が密になるなどのメリットがある。外食とは違い、相手の自宅の雰囲気などもわかるので、より深い関係を築くことができる。また、時間を気にせず、ゆっくりと過ごせるメリットもある。

> ホームパーティーを開く女性には3つのタイプがあるといえる。ホームパーティーのメリットを上手に使って参加できるといい。

ミニコラム　ハロー効果

ハロー効果とは、社会心理学の用語です。特定の人物や物事を評価するとき、目立って優れている特徴または劣っている特徴がある場合、その目立つ特徴が人物や物事の他の要素に対しても、影響を与えてしまうことをいいます。

その特徴がよいものの場合はよい方向に、否定的なものの場合は悪い方向に引っぱられてしまいます。「いいスーツを着ているからきっと仕事もできるだろう」など、物事を一方向からしか見られなくなるなど、注意が必要なこともあります。

褒める

意味	相手を好意的に賞賛する行為
類義語	讃える／賛嘆する／感心する／褒めたたえる
場面	うまくいくことがあったとき／相手に好意を伝えたいとき

　もし気になる人に自分のことを好きになってもらいたいと思うなら、相手のことを褒めることが大事だ。人は自分に好意をもってくれたり、高く評価してくれたりする人に好意をもつ傾向がある。心理学でいう**「好意の返報性」**（→P167）が働くからだ。ただし、自分が相手から嫌われていたり自己評価が低い人を相手にした時には、この方法は通用しない。嫌っている人から褒められても、お世辞を言っていると解釈し、「この人は私に取り入ろうとしている」と警戒感を強めてしまう。

　こういう相手には友人や知人に褒めてもらう**「間接話法」**が有効かもしれない。友人に「〇〇さんが『仕事ができる人だ』と褒めていた」と話してもらうのだ。本人から聞くより第三者から聞くほうが信頼性は高まる。

> 自分のことを好きになってもらいたいなら、相手のことを褒めよう。それが難しい場合は友人や知人に「〇〇さんが褒めていた」と間接的に伝えてもらうことだ。

褒め殺し

意味	必要以上褒めることで、堕落・失敗させること
関連語	逆効果／恩を仇で返す／裏目／やぶへび
場面	相手をおだてたり、取り入ろうとするとき

　本来の意味は「褒めすぎると油断して怠惰になったり、調子に乗って失敗したりしてしまう」というものだったが、それが転じて、わざと過剰に褒めることで相手が失敗するように仕向けることを意味するようになった。今では褒め言葉を用いて嫌味を言う行為を指すことが多い。

　人は、誰でも褒められるとうれしい。しかし、喜びのあまり有頂天になると謙虚さが消え、周囲への配慮を忘れがちになる。リスクや難易度を過小評価し、盲目的に突っ走ってしまい、失敗やミスを犯す可能性が高くなる。褒め言葉の中に嫌味がこもっていると感じたら、感情的な反応をするよりも、相手の言動に乗らないようにすることが肝心だ。**「好調におごらず、不調を嘆かず」**の平常心が求められる。

> 褒め殺しは人間心理の弱点を突いた効果的な方法だ。褒められたときも謙虚な姿勢でいることが重要。相手の言動に乗らないことだ。

マウンティング

意　味	相手より上に立とうとすること
類義語	自己愛／自己愛コンプレックス／自尊感情／軽蔑
使い方	「マウンティングばかりしていると、誰も守ってくれなくなるよ」

　もともとは動物学から出た言葉で、動物が自分の優位を示すため相手に馬乗りになることなどを指した。それが人間関係にも転用され、自分が相手より上だということを主張する言動をいうようになった。**自己愛が強く、自分の能力を過大評価しやすい傾向があり、大言壮語するタイプ**に、よく見られる。

　「私は何でもできる」「私ほど優秀な人はいない」と思っており、実際に、しばしば口に出す。仕事などに失敗して優越性を否定されそうになると、自尊心を守るためにウソをついたり、他人に責任を押しつけたりする。「あの人が足を引っ張ったから失敗した。私の責任じゃない。あの人が悪い」などと、責任転嫁することも少なくない。相手を抑え込むために強引なアドバイスをしたりもするが、責任感が乏しいので、うっかり相手の言葉に乗ってしまうと、自分のほうが不利益を被ることになり、要注意である。

●増加中？のマウンティング女子

　マウンティングする人は賞賛に飢えていて、どこに行っても自分が特別視されることを期待して生活している。共感力が低く、他人の感情や苦しみに気づくことは少ない。人間関係を上下、勝ち負けで考えるので、自分より高い位置にいる人間に嫉妬したり、低い位置にいる人間から嫉妬されていると思い込んだりすることが多い。

　少し批判されただけでも傷ついて、相手に対して猛烈に怒る。時にはポーズとして謙虚な姿勢を見せることもあるが、言葉のはしばしから「私は、あなたより力がある」「だから敬意を払うべき」というメッセージがにじみ出ている。

　マウンティングをやっても疲れるだけだと心得よう。それは、するほうだけでなく、マウンティングに張り合うのも同様だ。相手と張り合うことは、戦ったりそこに意識を集中するわけだから、**心身共に疲弊していってしまう**。それで得られるメリットは、思ったほどでもないと気づこう。

> たまにはマウンティングしているときの自分を振り返ってみよう。それほどメリットがあるわけでもなく、勝つことに固執している自分がばかばかしくなるだろう。そんなことでエネルギーを浪費するよりも、もっと有益なことに使ったほうが得策だ。

意　味	他人の言動と同じ言動をすること
類義語	同調行動／演技／模倣
使い方	上達の秘訣は先生や先輩をマネること

マネをすることの効果について、アメリカの心理学者ターニャ・チャートランドは実験を行っている。

まず、実験では初めて会った人同士で、しばらく話し合ってもらう。その後、相手の印象を尋ねた。ひとりは実験のために雇われたサクラで、二人で話し合うときに相手のしぐさや言葉をマネするようにあらかじめ指示されていた。その結果、実験に参加した人はサクラに対して好意を抱くことがわかった。しかも、自分がサクラに対して好意をもっている以上に、サクラは自分に対して好意をもっていると感じていたというのである。

意中の相手に好かれたいと思ったら、相手のしぐさや表情を観察し、相手が笑えば自分も笑い、相手が手を動かしたら自分も手を動かすなど、しぐさや表情をマネすることだ。これを**ミラーリング**といい、相手の好意が得られる可能性が高まる。

●憧れる人物の言動をマネる

アメリカの心理学者ジンバルドが行ったスタンフォード監獄実験がある。この実験では、模擬刑務所を舞台に、募集した一般男性を看守役と囚人役に分け、それぞれの役を演じてもらい、役割によって言葉や態度がどのように変化するのかを観察した。すると、実験が始まってすぐに、看守役は傲慢になり、囚人役は卑屈になった。与えられた役を演じることで、**自分に内在している「支配性（看守）・被支配性（囚人）」という「関係性」によって、気分的な変化が生じるのである**。これはマネをするということにも言えるだろう。

他の人の持ち物やしぐさなどをマネしたがる女性がいる。**自分を向上させる手段のひとつとして、憧れている人物の言動をいくつかマネしてみるのもいい**。自分を変えるためのひとつのモチベーションとすることができる。ただし、やりすぎると、マネすることに依存するようになってしまうので、同時に、自立心を育てていく必要がある。

> 相手が笑えば自分も笑い、相手が視線を向ければ自分も見つめ返し、相手が手を動かせば自分も手を動かす。マネは、自分を変えるためのひとつのモチベーションともなる。ただし、あくまでも一時的な方法で、同時に、自分らしさを育てていきたい。

ママ友(とも)

意味	同世代の子どもを通したママ同士の関係
類義語	公園デビュー
場所	公園／保育園／幼稚園／小学校／習い事／社宅

　ママ友とは幼い子どもの母親であることからできた人間関係のことで、子どもの公園デビュー(→P92)に始まり、保育園・幼稚園入学、習い事など子どもが成長するたびに新たなママ友ができていく。

　出産や子育てに関する苦労を分かち合ったり、保育園・幼稚園に関する情報を交換したり、小児科の情報を得たりするなど、母親にとっては有益な関係ではあるが、ママ友カーストや格付け、ボスママ(→P167)の支配、いじめなど特有の問題が発生する場でもある。

　近年はママ友同士のあつれきやトラブルがクローズアップされ、人間関係で心をすり減らす母親が多いことから、「ママ友地獄」という言葉も生まれた。

●集団規範がプレッシャーをかける

　「ママ友仲間になじめない」「何となく浮いている」と感じたときは、そのママ友グループの集団規範に抵抗を感じているのかもしれない。集団規範とは、どんなゆるやかなグループ・つながりであっても複数のメンバーがいるところで自然にできあがるルールのことだ。ひとたびできあがると、メンバーをしばり、心理面でプレッシャーをかけ続ける。これを**集団圧力**という。

●子どものためでも無理はしない

　ママ友グループから離れるのはリスクが大きいのであれば、**最初は少数でも気の合う仲間を見つけ、人間関係づくりに力を入れることだ**。気の合う仲間がひとりでもいれば、つらいときや苦しいときも互いに励まし合って乗り越えられる。

　また、子どものためと思って無理をしないこと。もともと、子どもの延長線上での関係だ。子どもが大きくなれば、自然と離れていく可能性が高いからだ。

> ママ友特有の人間関係で、あまり深刻にならない。自分が選んだ友というよりは、子どもを介しての関係だ。いずれは小学校、中学校と環境が変わると変化していく関係なのだから。

ママ友カースト

意　味	ママ友グループで生まれる上下関係・序列
類義語	女子カースト／スクールカースト
場　所	ママ友のグループ／公園／保育園

　ママ友にも上下関係や序列が生まれやすい。やっかいなのはボスママという特別な力をもった女性が、どのママ友グループにも存在していることだ。ボスママは保育園・幼稚園の保護者会でも役職に就いていることが多く、特別な発言力と影響力があり、その人に嫌われるとグループでの立場が大幅に悪くなる。場合によっては他のママ友から無視されたり、いじめられたりすることもある。

　人は人間関係を結んでいる相手や結ぼうとしている相手の好意を得ようとして、さまざまな働きかけをする。相手の意見に賛成したり、味方であるとアピールしたりするなど、相手の好意を得るために行うことを心理学では **「取り入り」** と呼ぶ。「取り入り」の対象は権力者とは限らないが、**権力者が対象に選ばれることは自然と多くなる**。そうやってボスママに権力が集中していく。

●子どもの小学校入学で人間関係はリセットされる

　ボスママは声が大きく、反対者には容赦がない。ボスママに従う人が増えていけば、ママ友内に上下関係が生まれ、力をもったボスママに、さらに力や権限が集中することになる。ママ友内のポジションもボスママにかわいがられている人ほど高く、ボスママに嫌われたり、軽んじられたりする人ほど低い。

　気の合う仲間ができなければ、ママ友グループとは、**ほどほどの距離を保つ関係でいればいい**。子どもの小学校入学で母親の人間関係は変化する。それなりに苦労はあるが、小学校以降は送り迎えなども少なくなるので、幼い頃のママ友のような濃密な人間関係は生まれにくい。

> ボスママにつきたくなければ、ママ友グループとはほどほどの距離の関係を保つ。子どもが小学校に入学すれば母親の人間関係はリセットされることも。

ミニコラム　好意の返報性

　返報性の原理のひとつに「好意の返報性」があります。人は相手に何かをしてもらうと、それを返さなくては、という心理になります。例えばプレゼントをもらったら、相手にそれを返そうとします。これが返報性の原理です。

　同様に、好意をもってくれた相手に対し、自身も好意を抱くようになるのです。相手に好きになってもらうテクニックとして、少しずつ相手に好意を伝えていく方法などが使われることがあります。

マメ

意　味	労をいとわず、よく動き、よく働くこと
類義語	汗をかく／一生懸命／勤勉／熱心
使い方	「あの人は礼を欠かさないマメな人だ」

仕事や勉強をしようと思っても、なかなか手をつけられない。ゲームやSNSなど別のことに気をとられて、しなければいけないことを後回しにしてしまう。そうした傾向が強いようなら、心理学的には**達成動機が弱い人**なのかもしれない。

達成動機とは課題や目的に能動的に取り組み、それを達成しようとする気持ちのこと。達成動機が強い人は課題が与えられると、すぐに手をつけ、サクサクとこなしていく。達成動機が弱い人は気持ちが乗らず、いつまでもだらだらとして、なかなか始めようとしない。達成動機が強い人が課題を終えたころ、ようやく手をつけることも珍しくない。

マメな人は、おおむね**達成動機が強い人**だ。ただ、最初からマメだった人は少ない。達成動機が弱いのは、いくつもの悩みを抱えていて、ひとつのことに集中できないからでもある。そんな人は、まず自分の問題を一つひとつ、解決していくようにしよう。

●会えば会うほど相手を好きになる

達成動機が弱い人は「すぐに始められること」に目標を置き、やりやすいことから手をつけよう。学生なら課題のプリントを机の上に広げることでもいい。机の上に広げられれば目標達成。そうした小さなゴールを設定し、ゴールできれば自分で自分を褒める。何度も繰り返しているうちに、すぐに始めることが習慣化する。

マメな人は**人間関係づくりでも有利**だ。相手に連絡をとったり、待ち合わせしたりすることにもマメなので、相手と会う機会を積極的につくる。人は会う機会が多ければ多いほど「単純接触の原理」から相手のことを好ましく思うようになる。

細かいことに気の利くマメな人は、イベントの開催や旅行の手配、行事の幹事などでも活躍する。

> マメな人は達成動機が強く、課題に対してサクサクとこなしていく。また、頻繁に相手と会う機会をつくるため、好意を抱かれやすい。

ミニコラム　単純接触の原理

何度も顔を合わせたり、話したりする回数・頻度が増えることで、相手に対して好感を抱くようになる──これが単純接触の原理です。親密さは接触する回数や頻度が多いほど増す、といった考えです。アメリカの心理学者ロバート・ザイアンスが論文にまとめたことから「ザイアンス効果」とも呼ばれます。「好意の返報性」（→P167）のように、恋愛の場面でよく使われますが、女性同士の人間関係でも同様のことがいえるでしょう。

マタニティブルー

意　味	妊娠中や産後、理由もなく落ち込むなど情緒不安定になること
類義語	産後うつ／マリッジブルー
場　面	産前産後の女性

マタニティブルーは、妊娠中や赤ちゃんを生んだ後、突然悲しい気持ちになったり、泣き出したり、情緒不安定になること。出産に対する不安、慣れないことによる疲れやストレスが原因として考えられる。それ以外にも、ホルモンバランスが変化することで起きる場合もある。妊娠中は胎盤で、たくさんのホルモンがつくられているが、出産して胎盤も排出され、体内のホルモン量が急速に減少する。

たいていは時間が経過すれば自然におさまるが、しばらく経ってからも症状が改善しない場合、**産後うつ**が疑われる。うつは病気なので、早めに医療機関を訪ねる必要がある。まわりにそのような人がいた場合は、**医療機関へ相談**するなど、サポートしてあげよう。

> 赤ちゃんを生むとホルモンバランスが崩れ、出産や育児による疲れも手伝って情緒不安定になる。いつまでも続くようなら産後うつが疑われる。

マリッジブルー

意　味	結婚が近づくにつれ、不安感や倦怠感が高まっていく状態
類義語	マタニティブルー
場　面	結婚前の主に女性

結婚は喜びごとであるとともに、当事者にとっては大きなプレッシャーであり、不安対象だ。結婚が近づくにつれ、ワクワク感が薄れ、「本当に、この人でいいのか」「結婚して義理の両親とうまくやっていけるか」といった負の感情が頭をもたげることもあり、マリッジブルーになる人もいる。

アメリカの社会学者ホームズは、結婚、就職などのライフイベントは人に大きな不安をもたらすとし、不安の大きさは自分にとって好ましいかどうかより、従来の環境や生活をどれだけ変えるかによって決まると考えた。結婚は生活や環境を激変させるので、マリッジブルーは当然のこと。**多くは結婚準備を進めていくうちに自然におさまっていく。**「これは一時的なものだ」と考え、深刻になりすぎないようにする。

> マリッジブルーは大半の人にとっては一時的なもので、結婚準備を進めていくうちにおさまっていく。ただ、結婚相手の適切なサポートがないと心が離れる可能性も。

魅力(みりょく)

意　味	強い関心と好意を得る力
類義語	魅惑／色香／色気／チャーミング／蠱惑(こわく)
使い方	彼女の笑顔は魅力的だ

人を好きになるときの要素として挙げられるのはルックス(容姿)と性格だ。容姿に関する、あるアンケート調査によれば、男性が女性を好きになれそうかどうか、第一の判断材料になるのは顔や髪型だった。次に見るのは脚で、ミニスカートやショートパンツからスラリと伸びた健康的な脚に魅力を感じる男性が多かった。

一方で女性が魅力を感じる女性とは、外見的なことももちろん挙げられるが、ポジティブだったり家族を大切にしているなどの**生き方が魅力的、周囲を明るくする魅力が**あるなど、内面的なこともあり、そういったことは憧れの対象になる。自分を大切にしていて、自分への自信が魅力となって醸し出されていると考えられる。

ただ、魅力的な人は、憧れの対象になることから、嫉妬されることもある。

> 魅力のある女性は、単にルックスが整っているだけでなく、心も柔軟性があって、自分を大事にしている。その自己信頼感が魅力として醸し出されるのだ。

無関心(むかんしん)

意　味	相手や対象に興味を感じない
類義語	関心がない／無頓着／冷たい／つれない／知らん顔
使い方	イエスもノーも言わないのは無関心の証拠

人間関係における無関心というものは、嫉妬や憎悪といった感情とはまた少し違った種類のこじれ方をして問題になることがある。

通常、人には関心をもたれたいという欲求がある。だから、興味がない、無関心な対応をとられると傷つく。当然、傷ついたほうは無関心な人間に腹が立つわけだが、無関心なほうとしては、「私は何も攻撃してないのに、攻撃された！」と言いたくなるだろう。しかし、無関心な人からすると気づかない。実際のところ、無関心な態度では理解し合えない。人間関係を築くため、**まずは少しずつ心を開く努力をしよう**。具体的な話ができるのはそれからだ。一方で、無理して無関心な人に取り入る必要もないだろう。

> 無関心は良好な人間関係を生まず、本人にとってもプラスにならないことのほうが多い。できるなら他人に関心をもち、人間関係づくりに努めたい。

無視 （むし）

意味	あることをないように扱うこと
類義語	無関心／黙殺／ないがしろ／シカト／ネグレクト
場面	挨拶したとき／声をかけたとき

無視には意識的なものと無意識的なものがある。呼ばれても返事をしない。頼んだのに、いつまでもやってくれない。提案したのに採用するとも採用しないとも、何の反応もない。無視された相手は「この人は私を相手にしてくれない」と強く突き放されたように感じて、無気力感や絶望感、怒りなどをおぼえる。決して好ましい方法とは言えないが、無視も**一種の自己主張**である。その中には、「縁を切りたい」という強い思いがあるだけでなく、**もっと、私を大事にしてよ。あなたが先に謝ってよ。あなたのほうが悪いんだからね**。こんなメッセージであることも。ただ、意識した無視には、復讐的な思いがあって、徹底的に行われると、半端な嫉妬や憎悪などよりも残酷で、相手に強烈なダメージを与えてしまう。

> 信頼関係を築くには長い時間がかかるが、崩れるのはあっという間。無視がエスカレートするならば、第三者を入れた話し合いなどを行う必要もある。

ミニコラム　集団に対する認知の歪みと偏見

私たちは生きていくうえで、さまざまな集団に属していくことになる。学校や会社、国籍もそうだ。性別も家族も、年齢層も広い意味で集団といえます。

自分が属していない集団（外集団）について、「ママ友ってみんな〇〇だよね」「若い人って……」といったように、十把一からげに考える人がいます。これは、その集団に属していない人から見ると、その集団が皆同じように思えるという外集団同質性バイアスというものが原因のひとつ。バイアスとは認知の歪みのことです。このときの思い込みがその集団に対する認識として固定されると偏見となるのです。

自分が属していない集団は皆、同じに見えることがある。

娘
むすめ

意　味	女性の子ども
類義語	令嬢／お嬢さん／息女／女の子
使い方	ひとり娘を大事に育てる

　　心理学者のユングは女の子が父親に強い愛情を抱き、母親に対して激しい対抗意識を燃やすことをギリシャ神話からとってエレクトラ・コンプレックスと呼んだ。ただ、日本ではむしろ母と娘が長い時間を一緒に過ごすことで、過剰なまでの母娘密着や母親コンプレックス（→P14）をもつ子どもが生まれやすい。

　教育心理学者の奥野明によると、親の誤った養育姿勢が子どものさまざまな問題を引き起こすという。そのうち、**過保護型、過支配型、過服従型の母親**から母親コンプレックスをもつ子どもが現れる。

● 世話を焼きすぎると、子どもはいつまでも成熟できない

　過保護型の母親は子どものやることを先回りしてしまうなど、子どもの世話を焼きすぎる。そのために失敗や達成の経験を奪われ、子どもはいつまでも成熟できず、生活習慣の発達の遅れ、引っ込み思案、臆病、孤独、忍耐力の欠如、集団生活への不適応といった問題・課題を抱える。母親からすると、「あなたのためにやっている」という思いになってしまっている。

　過支配型は文字通り子どもを支配し、**母親の考えや理想を押しつける**。子どもは従順で、消極的・はにかみ屋に育つか、逆に母親の支配を嫌い、攻撃的・反抗的な態度をとったり、家出や不良化などに走ったりする。母親自身も、母親から支配されていた可能性がある。

　過服従型は親が子どもの言いなりになる。子どもの言うことが一番となってしまっている状態。子どもは自己中心的で、わがままに育ち、大人になっても、何でも欲しがったり、退行（幼児の状態に逆戻りすること）を起こしたりしやすくなる。

●娘は母親からの自立に四苦八苦

　女性でも男性でも母親コンプレックスをもっている人は少なくない。多くが母親に依存しすぎて、食事やサイフの管理、身の回りの世話まで頼りっぱなしで、母親からの自立に四苦八苦している。母親のほうも娘を溺愛し、娘の世話を焼くことが生きがいになっている。前ページの過支配型のように、娘のすべてをのみ込んでしまい、「こうするのがいいのよ」といいながら、娘の行動を支配し、コントロールして自己満足をおぼえている母親もいる。

●共依存の関係になっているケースも

　こうした娘と母親の中には共依存の関係になっているケースが多く見られる。共依存とは一方が相手を頼りきり、もう一方も相手の欲求に、すべて応じ、お互いに相手にしがみつき合っている状態を指す。母親は「娘は私がいないと生きていけない」と思い込み、娘がいないと自分の存在理由が見いだせない。明らかに特定の相手に依存する人間関係嗜癖の一種と考えられる。

　ほかの依存と同様、夫など他の家族や周囲の協力を得て、依存の対象である娘との関係を断ち、依存の対象から離れる必要がある。娘離れができれば、正常で健康な生活を取り戻すことも可能になる。娘のほうも母親から自立できるかどうか、心理的な距離をつくれるかどうかが問われている。

　本来なら父親の出番とも考えられるが、こういった局面での対処能力が低いことがある。母娘の問題は、もともとは、父親と母親との夫婦の問題である場合が多く、それが大きく影響している。したがって、娘だけでなく、家族の問題として父親のほうも、真剣に取り組む必要がある。

　家族という捉え方をしたとき、同性同士の母と娘が結託して、父親と対立するという構図もある。こんな関係性ができあがっていると、母娘はますます密着することになる。

母と娘が共依存の関係になると、ますます密着が強くなる。もともとその根っこには、夫婦問題が横たわっていることも。このような場合は家族関係を改善しない限り、母娘の根本的な解決にはならない。

群れる

意味	多数の人が一緒に行動している
類義語	集団・グループ・派閥をつくる／集い／集まり／集会
場面	学校や会社などでつくられるグループ

主義・主張もないのに、一緒にグループをつくっている状態を「群れる」と表現する。群れる人は基本的に他人志向型の人であることが多い。他人志向型とは普段から自分のまわりにいる人たち、特にリーダー格の言動に強い関心をもち、そうした人たちの意見や考え方、行動などから外れないように気を配っている人を指す。

何らかの集団、グループができあがると、まわりの人と同じ行動をする同調行動、同じ行動をすることで興奮を共有して突っ走ってしまう群集心理が働き、ルールや常識から外れたことに手を染めるようなこともある。群れの中にいると、群れの外が、なかなか見えない。客観的な視点をもって、群れのルールであっても、「従う・従わない」を冷静に判断したい。

> 群れる人は他人志向型であることが多い。群れでは同調行動と群集心理が働き、次第に行動がエスカレート。冷静・客観的な視点をもつ必要がある。

目の敵にする

意味	相手に対して憎しみをいだき、攻撃しようという気持ちをもつ
類義語	憎悪の念を抱く／敵視する／恨みを抱く／敵対心をもつ
使い方	少し叱っただけで目の敵にされた

相手を敵視して憎むことを「目の敵」というが、敵をつくりやすい人は「目の敵」にされやすい人物ともいえ、いくつかパターンがある。まずは、目立って人の目に付きやすいタイプ。まわりから嫉妬されるなど、敵をつくりやすい。人から羨まれるような生活をする人も、敵対視されることもある。二つ目が、周囲のことが考えられないタイプ。謙虚さがなくていつでもいばっているような人、そしてまわりの空気が読めない人も敵をつくりやすい。

目の敵にされないためには、上記のようなことに気をつけるといい。ただし、誰でも目の敵にするような攻撃的な人もいるので、そのような人には近づかないことが一番の対策だろう。

> 目の敵にされやすいタイプの人がいる。自分に思い当たるところがあったら、行動を見直してみる。攻撃的な人には近づかないことも対策のひとつ。

面倒見がいい

意味	よく世話を焼き、面倒を見る
類義語	世話好き／行き届いた／かゆいところに手が届く
使い方	「彼女は誰に対しても面倒見がいいよね」

　どんな群れ・グループにも面倒見がいい人がいる。実質的に新人の訓練係を務め、ルールや序列、しきたり、作法などを親切に教えてくれる。新人にとっては頼もしい存在だ。**面倒見がいいといわれる人には上手な聞き役が多い**。人は自分の話を聞いてくれる人に心を開く傾向がある。

　意識的か無意識的かはわからないが、相手の言葉を否定せず、相手の立場になって耳を傾けられる人は、もともと共感性能力が高い。そんな能力を活かしながら、話を聞く姿勢を示し、さらにうなずいたり、あいづちを打ったりすれば、相手は「きちんと自分を受け止めてくれる」と感じて、信頼感や好感度は確実にアップする。

> 面倒見がいいといわれる人には上手な聞き役が多い。相手の言葉を否定せず、相手の立場になって耳を傾けられるのは共感性能力が高いからだ。

ミニコラム　援助する心理

　多くの人がボランティアに参加したり、募金を行ったり、困っている人を見かければ助けようとします。このとき、どのような心理が働いているのでしょうか。

　社会学者のグールドナーは、困っている人を助ければ、将来自分が困っているときにも助けてもらえると考えて行動するとしました（互恵性の原理）。そのほかにも、しつけや教育場面において他者を助けることで信頼や責任を学ぶという社会学習理論から、人が他者を助けるのは援助行動によって生じるコストよりも報酬のほうが相対的に大きいと感じる交換理論も挙げられます。私たちが援助行動に出るのは、さまざまな心理が働いているといえます。

モチベーション

意　味	目的や目標を達成するための動機づけ、意欲
類義語	士気／風紀／モラール／達成動機／忠誠心
使い方	好きな音楽を聴くとモチベーションが上がる

　モチベーションとは、人が一定の方向や目標に向かって行動し、それを維持する理由となる物事や心の働きを意味する。特に仕事・ダイエット・勉強・家事などに対して使われることが多いだろう。自分のモチベーションを高めるには、**目的や目標を明確にもつ**ことなどが挙げられる。女性同士であれば、一緒にダイエットをするなど、目標に向けてともに行動することでモチベーションが維持できたりする。

　一方で、他の人のモチベーションを上げることは難しいが、モチベーションを下げるのは簡単だ。たとえば部下が失敗したとき、「あなたならできると思ったんだけどな」「あなたには無理だったのかもしれないね」「○○さんなら、できたんだろうけど」といった毒のある言葉を吐けば、たちまち意気消沈する。部下のモチベーションを下げても本人にも組織にも、何のメリットもないが、あらゆる組織・集団で、こうした言い方がまかり通っている。

　もしかしたら本人は、そんな言い方で、部下のやる気を奮い立たせているつもりかもしれないが、その背後にあるのは**部下への自己顕示欲や支配欲**である。もちろん部下に尊敬されるどころか、それを続けていけば部下のモチベーションが下がるだけでなく、上司と部下との関係は、確実に悪化する。結果として、次の仕事やプロジェクトへの悪影響は測りしれない。

●共感性を高め、挑戦する気持ちを引き出す

　上司は失敗した理由を合理的に究明し、二度と失敗しないように手を打ち、ガックリきている部下を徹底的に励まし、モチベーションをアップさせることが重要だ。そのためには「自分が」「自分が」という意識を捨て、**共感性を高める**必要がある。

　共感性とは相手が感じたり、苦しんだり、悩んだりしていることを、自分のこととして受けとめる能力・姿勢を指す。共感性が高い人は相手の感情や緊張、苦しみを理解できるので、むやみに毒を吐いたり、叱りつけたりすることはない。相手の長所や強みにスポットライトをあて、挑戦する気持ちを上手に引き出していく。

> 他の人のモチベーションを上げるのは難しいが、下げるのは簡単だ。モチベーションを高めたら、それを維持することが大切だ。

厄除け（やくよけ）

意　味	今後の人生を災厄なく安泰に過ごすための祈願祈祷
類義語	厄祓い／厄落とし／お祓い
場　面	厄年に当たるとき

平安時代の陰陽道で、災いに遭いやすく忌み慎むべきとされた年齢（数え年）を厄年という。一生のうち男性は3回、女性は4回、前厄・本厄・後厄の前後3年間続く。この期間中は結婚・出産・家の新築・引越しなど大きな環境の変化を避けたほうがよいとされる。厄年に科学的な根拠はなく、女性の「大厄」といわれる33歳も「散々」の語呂合わせにすぎない。しかし、**ホルモンバランスの変化によって体調を崩しやすい時期と重なるところ**もあり、どの程度まで信じるかはまったく個人の自由である。神社仏閣では厄除けの祈祷を行っており、栃木県の惣宗寺（通称・佐野厄除け大師）などが有名。女性同士で神社や寺などに参拝する旅行も人気があり、「御朱印ガール」という言葉も誕生した。パワースポット（→P151）巡りと合わせて人気がある。

> ホルモンバランスが乱れやすい時期に環境の変化を避けることでストレスを減らし、健康や無事故につなげる。日常的に神社に行く人もいる。

優しい（やさしい）

意　味	他人に対して思いやりがある
類義語	穏やか／親切／情が細やか／温かい／気配りができる
使い方	親友の優しさに感謝する

優しい人には、物腰が柔らかい、いつもニコニコしている、キツい言葉を使わないなどの共通点がある。ただ、人当たりがいいからといって、その人が弱々しいとは限らない。むしろ**真に優しい人は自分をしっかりもっていて自信があるからこそ、他人との関わり方に余裕がある**。その余裕が笑顔や親切、気配りとなって表れるのだ。また、時には相手を放っておくこと、心を鬼にして苦言を呈することも優しさである。

一般に日本人男性が思い描く「優しい女性」の代表は看護師・保育士などの職業のようだ。笑顔・気配り・適度に世話を焼いてくれるなどのイメージがある。一方、女性は「感謝や謝罪の言葉を素直に言える人」「話に耳を傾けてくれる人」を優しい女性と感じることが多い。

> 優しいとは、他人を思いやる余裕があるということ。だからこそ、場合によっては厳しい態度をとることもある。女性は言葉や会話に優しさを求める傾向がみられる。

やっかみ

意　味	賞賛・評価されている人を攻撃したくなる気持ち
類義語	ねたみ／羨み／やきもち／出る杭は打たれる
使い方	「やっかみ半分で意地悪する」

　もとは関東地方の方言で、嫉妬と羨望が入り混じった心境をいう。他人の成功や優秀さを目の当たりにしたとき、相手と自分をひき比べ、同じことが自分にはできない（または、するべきではない）と思っている人は一方的なやっかみから、嫌味を言う・よからぬ噂を流すなど攻撃的な行動に出ることもある。

　そんな気持ちが出てきたときは、**本当に自分が同じことをしたいのか自問自答してみるとよい**。まぶしく見える相手も陰では血を吐くような努力をしているのかもしれない。

　容姿端麗・お金持ち・出世が早いなど目立つ人はやっかみの対象になりやすい。日頃から謙虚な態度を心がけ、挑発に乗らないようにして自分を守ることが大切だ。

> 相手と自分を比較しての劣等感がやっかみの正体。自分の本音を見つめ、本当に相手のようになりたいのか再確認を。標的にされやすい人は、自分を守る社交術を身につけよう。

優越感（ゆうえつかん）

意　味	自分と他人を比べて自分のほうが優れているという思い
類義語	プライド／自負／自慢／エリート意識
使い方	「自分のほうがキレイって、優越感に浸ってたでしょ？」

　自分が平均より優れているという思いは誰にでもあり、心理学用語で**「優越の錯覚」**という。この"優れている"は主観的な判断であり、他者との比較によって上下する。たとえば相手が不幸になればなるほど自分の幸福度が上がり、優越感が生じる。

　その快感を得たいがために努力して成果を出すことがあり、一概に悪いものとは言えない。しかし、そのような成果によって得られる**満足感はあくまで一時的なもの**。長続きしないので、真の自信や自己肯定感にはつながらない。

　生まれつき裕福だとか家柄がいいといった"自分の力で獲得していないもの"に優越感をもつ人もいる。この種の優越感は劣等感の裏返しで人種差別、性差別などの社会問題に結びつきやすい。

> 自分のほうが他人よりすごい！と思うのは自然な感情。ただ、あくまで他者との比較による自分勝手な解釈で、気持ちいいのは自分だけ。

友人の幸せ

意　味	友だちが喜んでいる様子。さまざまな感情を喚起される
関連語	隣の芝生は青い／羨望／嫉妬
場　面	友だちの人生に喜ばしい出来事があったとき

喜びは誰かと分かち合うと倍にも三倍にもなる。仲の良い友だち同士なら、なおさらのことである。ところが、いざそういう場面に出くわすと、素直に喜べない自分がいることに気づくことがある。

恋人ができた、結婚が決まった、子どもができた、マイホームを建てた、莫大な遺産を相続した、才能を認められた……喜び勇んで報告してくる友だちに「よかったね、おめでとう」と言いながら笑顔が引きつったり能面のように固まってしまうなら、あなたは**嫉妬しているだろう。**

●嫉妬からの自分責め

あなたの本音はこうだ——羨ましいぞ！　置いていかれた！　私より先に幸せになるなんて許せない！　こんなのおかしい、不公平だ。なんで私じゃないの?!

ひとしきり嫉妬が続いたあとは、ひとり反省会が始まる。友だちなのに喜んであげられなかった自分はなんてイヤな女なんだろう。みじめな私。ダメな私。あの子に嫌われちゃったかも。どうしよう、明日会ったらなんて言おう？　あーイヤだ……！

大切な友だちであるはずなのに、嫉妬してしまう自分が止められない。相手は思い通りの人生を築いていくのに、自分はなかなかうまくいかない。そうやって、嫉妬の果てに今度は、素直に祝福できない自分を責めずにはいられなくなる。

●素直に喜べるようになるために

友人の幸せを素直に喜べるようになるためには、**自分の生活（考え）を豊かにすること**だ。現状に満足していても、「隣の芝生は青く見える」ということはあるものだが、それを言っていてはキリがない。本当にうらやましく思うのであれば、自分もその状況に近づけるように努力をすればいい。うらやんでいるだけでは、何も変わらない。

また、仲が良い友人であればなおさら、自慢したいわけではなく、あなたが喜んでくれることを思って報告してくれたのであろう。**その気持ちを考え、素直に喜べるようになりたい。**

> 友人の幸せを心から喜べないのは嫉妬があるから。何に対して嫉妬しているのかを考え、素直に喜べるようになりたい。

ゆるふわ

意　味	柔らかく浮遊感のある様子
類義語	かわいい／ナチュラル／天然／メルヘン／おっとり
使い方	「ゆるふわコーデの基本はスカート＋ニット！」

体のラインを強調しない服装、空気を含んで弾むような髪型、お人形さんのようなメイクなど女性の見た目を形容する言葉であるが、「ゆるふわ女子」という場合には、**外見的な要素だけでなく、性格や受け応えから受ける印象**も含まれ、そのような人物を指す。

　優しげ、か弱い、危なっかしいといったイメージが「女性を守ってあげたい」という男性の保護本能を刺激するため男ウケがよいとされ、若い同性からも支持されている反面、幼稚、つかみどころがない、軽薄、頭が悪そうに見えるなど好ましくない印象を与える場合も少なくない。メイクやファッションで技巧的にゆるふわを用いるときは、やりすぎないことが肝要である。

> 外見上のゆるふわと内面的なゆるふわがあり、いずれも男性を引きつける魅力と考えられているが、相手によっては軽蔑される可能性も。やりすぎは禁物である。

幼稚園の送迎時間（ようちえんのそうげいじかん）

意　味	幼稚園に通う子どもに付き添って行き帰りする時間
類義語	送り／お迎え
場　所	自宅から幼稚園または送迎バス発着所までの間

両親のいる家庭の多くが、保育園・幼稚園の送迎を母親が行っている。ワーキングマザー（→P186）にとっては子どもと一緒に過ごせる貴重な時間であると同時に、似たような境遇であるほかのママ友（→P166）と愚痴を言い合ったり、情報交換をする場にもなっている。このようなママ友付き合いが**ストレス発散になる場合もあれば、かえってストレスになることも**あり、送迎時間を苦痛に感じる母親も少なくない。

　送りか迎えのどちらかを父親が引き受けることで母親の負担は軽くなる。また、ママ友よりも先生と積極的にコミュニケーションをとるようにすれば、子育ての悩みに関してプロの助言が得られる。子どものためにも、前向きで楽しい時間にしたいものである。

> 親と子がともに過ごせる大切な時間だが、母親同士の社交場という側面も。それが苦しいのであれば、夫に協力を求められる場合は少しでも負担を減らす工夫をしたい。

嫁姑問題
よめ しゅうとめ もん だい

意味	妻と義母との日常的な不仲・諍い
類義語	二世帯同居／鬼嫁／マザコン夫
場面	夫の実家／二世帯住宅

　実家を捨てて他家に嫁ぐという感覚が強かった時代には、女中のようにコキ使うなど露骨な嫁いじめがみられたが、現代の嫁姑問題は、姑の過干渉によって引き起こされることが多い。具体的には、**子どもに与える小遣いの金額や食べ物の質など、育児方針の違い**。ほかに料理の味つけ、同居するかしないかでもめる、というおなじみのパターンも健在だ。

　嫁姑問題の解消には夫の協力が不可欠であるが、"母親の悪口"を言うと反発されて夫婦ゲンカになる。義母には夫の母親としての敬意を払おう。夫には母親と明確な線を引いてもらい、自分の意見を言う必要があるときは、夫に任せるよりも、自分で率直に伝えるほうが、こじれない。日頃から、感謝の気持ちは伝えていきたい。

> 義母が過干渉にならないようにするには、夫が姑である母親との間に明確な線を引き、妻と子どもとの絆を強め、夫婦の信頼関係を築いたほうが早い。

ライバル

意味	同じぐらいのレベルで競い合う相手
類義語	競争相手／競合者／敵／恋敵
使い方	「お互いライバルとして頑張ろう」

　「女のライバルは女」とは、よく言われることである。とりわけ恋愛における三角関係では、女性は男よりも、相手の女のほうにネガティブな感情を向けやすい。けれどもこれは、男性優位の社会で、意図的に女同士を争わせようとしたり、「女が足を引っ張り合っている」などと、女性を差別するために言われたりする。

　被支配的な立場でいれば、例えば君臨者に選ばれるには、他者を追い落とすしかない。女性は「選ばれる性」という人もいるが、それは女性が、いまだ被支配的な立場に置かれているということを証明しているようなものだ。自分自身にフォーカスして、自分らしさを大事にできる自己肯定感の高い女性は、**ライバル意識を抱くより、自分のことで夢中になって輝いている**。その姿勢が、自然とライバルを退ける。

> 同性にライバル意識を向けるのは、自信のなさの現れ。自己肯定感の高い女性は、自分のやりたいことに集中し、その姿は自然とライバルを遠ざける。

ランチ

意　味	カフェやレストランで食べる昼食
類義語	ママ友ランチ会／女子会ランチ／ひとりランチ族
使い方	「今度ランチでも一緒に行かない？」

　会社の同僚やママ友とのランチは、美味しいものを食べることよりも**おしゃべりが主な目的で「女子会」（→P113）とほぼ同義語**である。

　ふだんあまり話さない人と交流できる、ちょうどよい息抜きになる、ひとりでは入りづらいお店にも仲間と一緒なら行きやすいなど、よい面もたくさんあるが、悪口大会や見栄の張り合いに終始することも多く、かえってストレスが溜まる場合も。内向的な人、団体行動が苦手な人、純粋に食事を楽しみたい人には不向きである。

　単独でランチに行く人を「ひとりランチ族」といって憐れむような風潮もあるが、まったく気にすることはない。自分の気持ちに沿った選択ができれば、**「これが私です」と胸を張りたくなるような誇らしい気分になれる**。むしろ気楽に楽しむことができるだろう。

> 女子会同様、前向きに捉えて楽しめる人もいればそうでない人もいる。参加する・しないは個人の自由で、とやかく言うべきことではない。

理想と現実のギャップ
（りそうとげんじつのギャップ）

意　味	こうあってほしいと思い描いた状態と実際にこうであるという状態の差
類義語	こんなはずじゃなかった／予想外／想定外
使い方	「理想と現実のギャップが大きすぎてついていけない」

　考えられる限り最高で完全な状態、あるいは実現したいと願う最善の状態を理想という。理想があまりに高すぎると、現実を目にしたときに落胆することになる。女性の人生で理想と現実のギャップを最も感じるのは俗に「アラサー」といわれる25〜35歳頃。エリートとの結婚、かわいい子ども、輝かしいキャリア……といった理想の未来がかなわなかったときだろう。

　出産しても体型がくずれないママタレントや歳を重ねても現役の熟年モデルなど、高すぎる理想を掲げても、現実離れしてしまうと逆に自信をなくしてしまうだろう。それよりも、**今あるものに感謝をし、今できることを楽しんでする**。ハードルは段階的に高めればよいのである。成功体験が重なれば、自信がもてるようになる。

> 高すぎる理想を描いていると、現実との差に苦悩することになる。プレッシャーにならない程度の目標を立て、ひとつずつ実現することで自信を高めよう。

留学

意味	海外の学校に一定期間在籍すること
類義語	リゾート留学／ワーキングホリデー
目的	キャリアアップ／語学／海外暮らしの体験

一時期、留学が女性の間でブームになった。今の生活を変えたいという自分探しなどの理由が多い。ただ、学生時代の留学と異なるのは、そのすべてが自己責任であり、費用も自腹であることから、失敗したときのリスクは大きい。失敗例としては「現地で日本人としか交流しない」「滞在費を稼ぐため肝心の勉強がおろそかになる」「犯罪に巻き込まれる」「帰国後に思ったほど就職先がない」といったことが挙げられる。女性に留学する人が多い理由として、**ストレス耐性があり、新しい環境への順応力がある**ことがあるだろう。海外という慣れない場面でもうまく適応していくことができる。

また、高齢になって女性同士で海外旅行に行くことが多いのも、好奇心と行動力、その場の適応力の賜物といえる。

> 留学は自分のやりたいことをはっきりさせること。リスクも十分考慮したうえで、留学目的を果たすための環境をしっかり整えたい。

料理

意味	洗濯・掃除と並ぶ三大家事のひとつ。調理
類義語	家めし／手料理／おふくろの味／メシマズ女子／メシウマ嫁
使い方	「料理ができる女子はモテる」

昔から「男子厨房に入らず」と言われるように、家族のごはんを作るのは女性の仕事とされてきた。料理が上手であることは夫婦円満の秘訣の筆頭にも挙げられており（胃袋・お袋・堪忍袋）、実際に妻や恋人の手料理を食べるのが好きな男性は多い。

そんな中、**料理が苦手なことをコンプレックスに感じる女性**は少なくない。技術的なことだけでなく、献立を考えるのが面倒だとかキッチンを汚したくないといった心理的な理由で敬遠していることも。反対に、料理上手な女性の中にはプロ級の腕をもつ人もいて、料理のもち寄りパーティーでマウンティング（→P164）が行われることもある。料理がうまい下手はその人の一面でしかない。過剰に意味をもたせないことが大切だ。

> 料理が苦手な女性は多くいる。もち寄りパーティーなどがあっても、料理するのが嫌いであれば、無理する必要はない。

旅行 (りょこう)

意味	よその土地へ行き、さまざまな経験を楽しむこと
類義語	女子旅／女性限定ツアー／日常を離れる
使い方	「今度みんなで一緒に旅行しましょう」

女性は物事の結果より経過（プロセス）を重視する傾向があるので、食事、買い物、温泉、景色を見るなど旅に付随するいろいろなイベントを楽しむのが得意である。移動のバスや電車の中でも、お菓子を食べながらおしゃべりをして盛り上がる。

毎日家事に追われる主婦にとって、旅行は格好の息抜きだ。食事の後片付けをしなくてすむだけでも、かなりの開放感が味わえる。

●女性グループ旅行の注意点

女同士で旅行をするときは、**メンバー選びが大切**である。あまりリスクを冒したくない、計画的に動きたい、社交性が高く団体行動が苦にならない人はグループ旅行に向いている。変化を求める気持ちが強く、好奇心や冒険心が旺盛で行き当たりばったりな人、自分のやり方にこだわる人は、ひとり旅を好む傾向があるので、誘っても断られるか、イヤイヤ来るかのどちらかだろう。また、金銭感覚が近いことも意外と重要である。五つ星ホテルに泊まりたい人とそうでない人とでは、ほかのことでも意見が食い違いがち。

メンバーが確定したら、集合時間に遅れない、洗面所やシャワーを独占しない、金銭の貸し借りをしないといった最低限の約束事を決める。「言わなくてもわかってるでしょ」はNG。特に遅刻は団体旅行でありがちなトラブルなので、少なくとも時間厳守だけは周知しておいたほうがいい。

そのほかのことに関しては、**互いの自由を尊重すること**。人は旅先では普段と違う意外な側面を見せたりもするが、それも旅行の醍醐味としておおらかに受け入れたいものである。

女性の旅はイベントが満載。めいっぱい羽を伸ばして楽しもう。ただし、集合時間を守るといった最低限のマナーは必要だ。

リラックス

意 味	心身の緊張が取れ、くつろいだ状態
類義語	休息／憩い／息抜き／命の洗濯
使い方	「温泉でも行ってリラックスしよう」

マルチタスクが得意なため、たくさんの用事を自ら引き受けてしまう。頭痛、不眠、だるさ、どか食いなどのストレス症状は**「疲れていますよ。休みをとってリラックスしましょう」**という体からのメッセージである。これらのメッセージを受け取ったら、素直に休み、リラックスタイムをつくること。

旅行に行ったり、女友だちと食事に行ったり、好きなことをしてストレスを発散させるのもいい。ネイルやエステで入念に自分自身の手入れすることも、女性ならではのリラックス法といえる。半身浴、エクササイズなどの「温活」もストレスを軽減させる。精神的なストレスには、自然に触れたり、思考をしずめる睡眠、瞑想、笑いなどのリラックスタイムが効果を発揮する。

> 一度に多くの用事をこなす女性はストレスを溜めてしまいがち。自然に触れる、セルフケアをするなどリラックスできる時間をつくり、健康に過ごしたい。

恋愛（れんあい）

意 味	特定の相手に特別な愛情を抱くこと
類義語	ロマンス／情事／お付き合い／フォーリンラブ
使い方	「恋愛するとキレイになる」

恋愛という日本語ができたのは明治時代。厳密には恋と愛とは別物であるが、主に恋の意味で使われる。

恋をすると、フェニルエチルアミン（別名：媚薬ホルモン）が分泌され、その働きによって体重が落ちたり肌の血色がよくなったりする。心理的には、**恋人が生活の中心となり、ほかのことに身が入らなくなることもある**。最近は好きな人と一緒に暮らすことよりも金銭面や子どもをもつことを結婚の目的として、恋愛と結婚を切り離して考える女性も増えている。

また、恋愛に消極的な草食系男子の増加で、女性の恋愛事情はなかなか厳しいものがあるようだ。

> 恋愛中は恋人を優先しがち。恋する女性は美しいというのも事実。近年は恋愛観が変化しており、結婚に結びつく恋愛は減少傾向にある。

ワーキングマザー

意　味	働きながら子どもを育てる母親
類義語	ワーママ／スーパーママ／働くお母さん／仕事と育児の両立
場　所	保育園／公園／職場

　ワーキングマザーの数は年々増加傾向にあるが、**サポート体制が追いついていない状況**である。表向きは時短勤務や育児休暇を取ることができるようになっていても、給与査定が下がるなど、差別待遇を受けるケースも未だにあるようだ。

●ワーママを苦しめる3歳児神話

　かつてテレビ局に乳飲み子を連れてきた女性タレントを女性作家が批判して話題になったことがある（アグネス論争／1988年）。このときの論点は子連れ出勤の是非であった。では保育園に預ければよいのかというと、それはそれで「子どもがかわいそう」と批判される。その裏には、子どもが3歳になるまでは母親が育児に専念しないと子どもの成長に悪影響を及ぼすという「3歳児神話」の存在がある。母親自身がそれを気にして、実際子どもが泣いたりすると、罪悪感にさいなまれてしまう。

　また、大企業の女性CEOや有名女優などスーパーワーキングマザーと呼ばれる人たちを理想と仰ぐがゆえに、自分はダメだと劣等感を抱いてしまうケースもみられる。

　しかし現在では、子どもを連れて出勤できる企業が出てくるなど、会社の形態は変わりつつあるといえる。

●ひとりで頑張らないで

　3歳児神話に学術的な裏付けはない。最も大切なのは一緒に過ごす時間の長さではなく、**愛情をもって子どもと過ごせるか**。短い時間でもいいから、他のことは忘れて100％子どもと向き合おう。きょうだいがいるなら、「（きょうだいというセットではなく）あなたのこともちゃんと見ていますよ」と、個別に向き合える時間をつくりたい。

　仕事と子育てを両立させるには、夫、親、同じ境遇のママ友、保育士に協力をお願いしよう。先輩ワーキングマザーに悩みを聞いてもらうのもよい。完璧を目指さず、手を抜けるところは抜く。場合によっては転職だって考えられる。頑張ることより、ストレスを溜めないように、時には自分のためだけの時間をつくろう。

> 家庭と仕事の両立は、母親にとっては大きな負担だ。ひとりで奮闘するよりも他者に協力を求めること。時には、自分のためだけの時間をつくってストレス解消に努めよう。

第 **3** 部

女子の人間関係を整理する

ここから先は実践編。多くの人が抱える女子の人間関係に関する悩みを具体的に解消していきましょう。「張り合ってくる女性」「会いたくないママ友」「口出ししてくる母親」「行きたくない女子会」…など、相手の女性のタイプやそのときの状況に合わせた対処方法を解説していきます。

1 嫉妬して張り合ってくる人への対処法

「勝負にならない」とわかれば去っていく

　何にでも張り合ってきてマウンティング（→P164）をしようとする人はどこにでもいるものです。そんな女性は実は、ありのままの自分では愛されないと思い込んでいて、他者との比較でしか自分の価値を信じられません。経済的な豊かさやファッションセンス、社会的地位など目に見える表面的な勝敗にこだわることで心の中の悲しみ、不安、虚しさから目をそらし、ようやく自分を保つことができる。**本人も気づかないうちに、張り合うことが人生そのものになっています**。同じ土俵に上って勝負に参加してくれる相手を常に探しているのです。

　ですから、最初から勝負にならないとわかっている相手には近寄ってきません。

　あなたがするべきことは、**何を言われても「同じ土俵に上らない」と決める**ことです。勝ち負けの世界から身を引くことを、あなた自身が決意してください。

　この話題を振ったら張り合ってくるな、と予測がつくときは黙っていましょう。それでも彼女が勝負を挑んできたら、

「今、その話はしたくないな」

「そんなことで張り合いたくないんだ」

「張り合うのって疲れない？　もうやめようよ」

など、自分の気持ちを正直に伝えることで"**試合放棄**"を通告しましょう。

　とにかく彼女のペースに巻き込まれないことです。「ふーん、そうなんだぁ。じゃあね」

POINT		
	1	張り合うのは自己評価が低いから
	2	相手の価値観から距離を置く
	3	自分自身の気持ちを見つめ直す

くらいの気持ちで、心理的にも物理的にも距離を置きましょう。

自己評価に気づくこともある

ただし、**無視と陰口はNG**です。ただでさえ自己評価の低い人を軽蔑や哀れみの目で見ることは、あなたのほうから攻撃しているのと同じです。それでは「勝負を降りた」ことにはなりません。

もしかすると、相手と同じくらい自分も自己評価(自己肯定感)が低かったことに気づくかもしれません。そのときは、決して自分を責めないでください。心の奥に抑えてきた不安や苦しみをそのまま認め、「もう楽になっていいよ」と自分自身に許可を出しましょう。

相手がいることで自分を見直す機会になったのなら、それはそれでよかったと思うようになれるといいですね。

> **Column**
> **自己評価を上げるステップ**
>
> **ステップ①** 気づき＝不安、悲しみ、悔しさ、苦しみなどの感情に気づく。
>
> **ステップ②** 許し＝自分へのダメ出しをやめて、ありのままの自分に許可を出す。
>
> **ステップ③** 癒し＝疲れた心と体を労わる、ネガティブな感情を吐き出す。
>
> **ステップ④** 選択＝周囲に関係なく自分自身が"心から"満足する行動をとる。
>
> 長年にわたって築かれた自己評価は、一夜にして跳ね上がるものではありませんが、根気よく取り組めば必ず変化します。

2 男性の前でだけよい顔をする女性への対処法

イライラするのは嫉妬している証拠

　女同士でいるときにはふつうなのに、男の人が近くにいると態度が急変。「弱い女」「バカな女」「かわいい女」をこれでもかとアピールし、女性を守りたいという男性の保護本能を刺激します。80年代には「ブリッコ」と呼ばれて社会現象にまでなりましたが、もっと古くは「カマトト」といって、幕末の遊女が客の人気を得るための手練手管のひとつでした。
　かわい子ぶりっこは単なるモテ技のひとつにすぎません。女性が男性にモテたいと思うのは別に罪ではありませんよね。それを見てイライラするということは、あなた自身に対抗心や嫉妬心があるからです。本来のあなたには男性を手玉に取るような才能があるにもかかわらず、"かわい子ぶってモテてはいけない"という世間一般のルールで自分自身を縛りつけているのかもしれません。
　自分自身に問いかけてみましょう。
「私も彼女と同じことをしてモテたいのかな？」
　答えがYESなら、遠慮なくやりましょう。NOなら、やらなければいいだけです。

POINT		
	1	単なるテクニックだと割り切る
	2	自分自身の対抗心に気づく
	3	客観視すれば気にならない

とか思ってたりして

あーブリッ子も疲れるわー

でも昔の私に戻ったらまたイジメられるかもしれないし…

客観的な視点を忘れずに

　もうひとつ、知っておきたいことがあります。それは、あなたが彼女のすべてを知っているわけではないということです。

　人間は誰しも多面性があります。あなたに見えているのは彼女の一部です。もしかしたら、ブリッコにならざるを得なかった壮絶な過去があるのかもしれません。実は彼女自身「やめたい」と思っているのに、孤独になるのが怖くてやめられないのかもしれません。要するに、彼女には彼女の事情があるということ。あなたが進んで関わっていく必要がないとわかれば「こういう女がいても、まぁいいか」と客観視できるようになります。

　嫉妬心や対抗心は、自分の見る目を曇らせます。**もっと客観的・多角的な視点を育てる**と、さまざまな思い込みから解放され、あらゆる人間関係が楽になります。

Column
嫌いな女性と付き合うテク

　人を嫌うことに罪悪感があると、それを正当化するために相手の欠点を探すようになり、ますます嫌いになっていきます。

　「嫌いなら嫌いでいい」と自分に許可すると、罪悪感から解放されて相手のよいところに気づく余裕が出てきます。そこで「いいね」とか「ありがとう」と声をかけるようにすると、相手の自己評価が自動的に上がります。自己評価が高い人は競争しないので、楽に付き合えるようになります。

第3部…女子の人間関係を整理する

3 会いたくないママ友への対処法

無理に付き合ってもいいことはない！

　保育園や幼稚園が一緒の子どもを「お友だち」といいますが、実際に親しくなるのはせいぜい2～3人で、気の合わないお友だちや大嫌いなお友だちもいます。ママ友の「友」もそれと同じで、会いたくないママ友がいてもまったく不思議ではありません。
　ですから、気の合わないママ友がいるなら**「ああ、私はこの人が苦手なんだな」**と素直に認め、**「無理に会わなくていいよ」**と自分に**許可を出しましょう**。
　そんなこと言ったって、子どものためには付き合わざるを得ないのよ！という叫びが聞こえてきそうですが、ちょっと待ってください。それは本当に"子どものため"になっているのでしょうか？
　女性は妻になり、母になると、自分の欲求を抑えて夫や子どもを優先するクセがついてしまいます。そんな母親を見て育つ子どもは、「自分の欲求を表現してはいけないんだ。他人の都合に合わせて我慢するものなんだ」と学習します。すると、大人になっても正当な自己主張ができず、我慢ばかりの人生を歩むことにもなりかねません。それがあなたの望みでしょうか？
　逆説的ではありますが、**子どものために母親が自分を犠牲にして無理をしすぎることは、子どものためにならない**のです。

POINT		
	1	苦手なママ友がいるのは当たり前と認識する
	2	子どものための自己犠牲で無理しすぎない
	3	お互いの自由を尊重する言葉遣いをする

子どもと母親、意思を尊重して

「私はAちゃんのママが嫌いだから、あなたもAちゃんと仲良くするのはやめなさい！」
ということではありません。子どもには子ども同士の付き合いがありますので、そこはきちんと尊重しましょう。子どもといえども一個の独立した人格だということを忘れないでください。
「Aちゃんのお家まで送っていくけど、ママは帰るね。あとで迎えに行くからね」
というように、子どもと母親それぞれの自由を尊重しつつ、協力できるところは協力するというスタンスです。

日頃からそういう物言いを意識していると**自己主張が上手になり、子どもにもよい影響を与えることができる**でしょう。

Column
「公園デビュー」と「ママ友」

母親が幼い子どもを連れて初めて近所の公園に行くことを「公園デビュー」（→P92）、そこで知り合った母親同士の関係を「ママ友」と称するようになったのは1990年代中頃。その背景には、近所付き合いのない集合住宅に住み、親とは別居で夫の帰りも遅い……といった孤独な育児環境がありました。

公園デビューすればママ友から役に立つ助言や手助けが得られる一方、仲間はずれなどの問題もしばしば発生しています。

4 いない人の悪口ばかり言う女性への対処法

反応しなければ巻き込まれない

　女性が集まると誰かの悪口大会になるというのはよくあることですが、正義感が強く真面目な人には耐え難いものです。「どんな理由があろうと絶対に悪口を言ってはならない」というルールを自分にも他人にも課しているからです。

　不思議なもので、「絶対ダメ」と自分に禁じていることがあると、逆にそうする人を自ら引き寄せてしまいます。自分自身のイヤな部分を鏡のように映し出す似た者同士。そういう人を批判することはイコール自分を責めることになりますから、苦しくなって当然です。

　悪口を言って盛り上がるのは、ただの"うさ晴らし"である場合がほとんどです。ほかにストレス解消の手段を知らないだけで、深い意味などありはしません。ですから、**悪口禁止令を少しゆるめてみてください**。「たまにはいいか」「少しぐらい大目に見てやるか」という余裕が生まれ、あまり気にならなくなるはずです。そして、ここまでは許せるという範囲を超えたときには「用事を思い出した」「トイレに行きたい」など適当な口実を作って、さっさとその場を離れましょう。

　物理的に距離を置くのが難しいときは、相手のペースに乗らないこと。たとえ同意を求められても**「ノーコメント」「興味ないわぁ」**など一言でシャットダウンするのです。

POINT		
	1	悪口はダメというルールをゆるめる
	2	興味がないことをはっきり示す
	3	自分が言われたら落ち着いて対処する

日頃からこうした態度を貫いていれば、悪口大会に誘われたり巻き込まれたりすることが少なくなっていきます。

自分が対象になっているときは

あなたが陰口の対象にされた場合は、自分のケアが最優先！　まずは怒り、悲しみ、傷つけられたという自分の気持ちを認め、気分を落ち着かせましょう。「こういうことが傷つく」という話をしてみるという解決策がありますが、冷静な気持ちを取り戻してからでないとうまくいきません。

このとき、**自分を主語にした「わたし」（I）メッセージ**（→P23）にするのがポイントです。悪口に悪口で返すのは、火に油を注ぐことになるのでやめましょう。

Column
ユング心理学「投影」って何？

心理学者カール・グスタフ・ユングが唱えた「投影」とは、自分と同じ要素を他者に見出すこと。誰もが無意識にやっています。例えば自分が親切なら相手の親切さがわかり、自分に怒りっぽいところがあれば相手の怒りっぽさが目につきます。

自分がもつさまざまな側面のうち、欠点や悪として禁じている部分をユングは「影」と名づけました。誰かにムカつくとき、実はこの「影」を投影している場合が多いのです。

5 何でも口出ししてくる母親への対処法

母に向けていたエネルギーを自分に向ける

　母親からのしつこい干渉に苦しんでいる娘はとても多くいます。反発したり、話し合いを試みたり、無視してみたり、あらゆる方法を使って、母親に自分の気持ちをわかってもらおうとします。しかし、ひとつの事柄については解決することがあっても、すぐにまた別のネタを見つけて口出ししてくる。倒しても倒しても立ち上がるゾンビと戦っているようなものですね。

　14ページで触れたように、過干渉の根本的な原因は**「娘が自立すると自分だけが取り残されてしまう、孤独になってしまう」**という母親の恐怖心です。そのうえ競争心や嫉妬心、誤った責任感、母親自身の生い立ちからくるネガティブ要素の投影（→P195）など、さまざまな心理が複雑に絡み合っています。

　それらすべてが無意識に行われるので、本人も気づきません。「どうしてわかってくれないの！」と娘がいくら叫んでも、決して答えは出ないのです。

　これまで母親との戦いに使っていたエネルギーを、自分のほうへ向けてみてください。干渉によって傷つけられた心を癒し、抑え込んできた本音を認めて表現することに、エネルギーを費やしてください。**大変だったね、つらかったよね、今までよく頑張って生きてきたね**、と声に出して自分に言ってあげてください。それだけでもかなり楽になります。

POINT		
	1	「どうして」と考えるのをやめる
	2	自分の傷ついた心を認めて表現する
	3	時間をかけて変化が現れるのを待つ

言えないことを紙に書く

　母親への文句、恨み、怒りなど言いたくても言えなかったことを、洗いざらい紙に書くのもおすすめです。どんなに乱暴な罵詈雑言でも構いませんから、心の底からスッキリするまで繰り返し行ってみてください。

　母親との会話中に干渉が始まったときは、相手の目を見て「ありがとう」と言うと少しトーンダウンしますので、続けて「ママの言うことにも一理あるけど、私には私の考えがあるんだ」とはっきり伝えます。

　どんな反応が返ってきても、**母親ではなく自分のほうに意識を向けていてください**。最初は効果がなくても、どうか諦めないで！　自分中心の態度を貫いていれば、必ず変化が訪れます。

Column
母として娘にどう接するか

　10歳前後で思春期を迎える女の子は、親が思うよりも冷静に、親を観察しています。最も身近な同性である母親はよくも悪くも女性としての生き方の見本となり、娘の将来に大きな影響を与えます。

　無理に良妻賢母を演じる必要はありません。それよりも、まずは母親が自分自身を尊重しましょう。そうすれば、娘も自分を尊重することを覚えます。お互いに、一人の人間として尊重し合えれば、母娘問題の多くが解決するでしょう。

6 仕事ができない女性への対処法

周囲に翻弄されない意識・思考を身につける

　職場(会社)という競争社会で仕事の業績を競い合うこと自体は悪いことではありません。しかし、成果を上げることを競うのではなく、"小競り合い"や"足の引っ張り合い"をするような状況になってくると、少し話が違ってきます。
「こんな簡単なことがわからないA子って、バカじゃない?」
「Bさんってば、仕事できないくせに先輩面してイヤなやつ!」
「同期のC子がよそよそしいのは、私が先に主任になったから?」
　そんなふうに、相手のことばかり気にしています。「私は〜」という観点がすっぽり抜け落ちて、**相手の言動やその理由・原因の憶測に注意を奪われている**のです。意識が他人に向いていて、自分自身がお留守になった状態ですね。まず、このことに気づいてください。
　次にすることは、自分のほうへ意識を向け直すこと。相手が嫌いなら嫌いな気持ちをそのままノートや日記に書き出してみましょう。感情のお掃除ができると、相手の言動にあまり振り回されなくなります(→P197)。
　感情が落ち着いたら、今度は思考です。自分の中にある**「先輩／後輩たる者、かくあるべき」というルールをゆるめましょう**(→P194)。"べき論"は個人の主観でしかありません。あなたの常識が他人にも通用するとは限らないことを知っておきましょう。

POINT		
	1	相手を気にしている自分に気づく
	2	自分の感情を認めて昇華させる
	3	「～べき」という考えを捨てる

"べき思考"からの脱出

　天才物理学者アインシュタインは「常識とは18歳までに身につけた偏見のコレクションである」と言いました。
「高校の次は大学、大学の次は就職」
「とりあえずビール」
「痩せたかったら運動しなきゃ」
なども"べき思考"の一例です。どれを採用してどれを捨てるか、あなた自身の好みで自由に選ぶよう日頃から意識していると、他人の選択にも寛大になれます。
　それでも周囲の言動があなたの仕事に実害を及ぼすようなら、率直に話すべきでしょう。**相手を責めるのではなく、自分の思いを打ち明けるのです。**あなたが自分に誠実であれば、その思いは相手に必ず伝わります。

Column
後輩を上手に指導する方法

　ついやってしまいがちなのが「いちいち言わなくてもわかってるよね」という決めつけです。簡単な仕事でも相手にとっては初めての経験。最初にしっかり手順を説明しましょう。疑問や質問を遠慮なく発言できる雰囲気づくりも重要です。
　個人的に仲良くなる必要はありませんが「結果よりプロセスを褒める」「他人が見ているところで叱らない」「丁寧語で話す」など基本的なマナーは押さえておいたほうがいいですね。

7 恋人ができて付き合いが悪くなった友だちへの対処法

自立するタイミングがきた！と考える

　恋人ができると、生活のすべてが彼を中心に回ってしまう。そんな女性は決して珍しくありません。

　フランスの文豪スタンダールは「恋は熱病のようなものである」と言いました。いずれ熱が下がれば、友だち付き合いも元に戻るでしょう。あなたにとって彼女が大切な友だちなら、苦笑しながらも長い目で見守ることができるはずです。

　そんな余裕はない、ムカついてたまらないというなら、それはあなた自身の問題です。「友だちは彼氏より私を優先するべきだ」と思っていませんか？　あなたと会うよりもデートのほうを選ぶ友だちに「裏切られた」と感じていませんか？

　答えがYESなら、**あなたは彼女に依存しています**。彼女がかまってくれないと生きていけないのですか？　彼女が大切にしてくれないと自分の存在価値が下がったように感じますか？　もしそうなら、今が自立のチャンスです。彼女への執着を捨て、振り回されるのをやめて、少しずつ離れる準備をしてください。

　お気に入りのカフェに行く、好きな映画を見る、部屋の模様替えをする、そのほかジョギング、読書、ショッピングなど、おひとりさまを楽しむ時間を増やしましょう。彼女以外の友だちを誘ってあちこち遊びに行きましょう。**新しい友だちに出会う機会を作りましょう**。

POINT	
1	友だちより恋人を優先するのは当たり前の流れ
2	これを機会に相手への依存心と執着を手放す
3	粗末に扱われたらきちんと抗議する

クラス替えや卒業をきっかけに同級生と会わなくなるのと同じく、恋人ができたことを機に友だちと疎遠になるのは自然な流れです。裏切った／裏切られたという感情論ではなく、シンプルに**「環境の変化」**と捉えたいものです。

友だち付き合いを考える機会

ただし、恋人を優先するあまりにあなたとの約束をドタキャンするなど、最低限の礼儀も欠いている行為に対しては、きちんと思いを主張しなければなりません。

あなたを粗末に扱うような人を友だちといえるのか、我慢して付き合い続ける価値があるのかどうか、考え直すよい機会です。「この人といても楽しくない」と感じるなら、それがあなたにとっての正解です。**彼女がどうこうより、自分がどう思うのか。自分の本音を大切にしましょう。**

Column
執着を手放す「セドナ・メソッド」

1970年代にアメリカで考案された執着を手放すための「セドナ・メソッド」の方法を紹介します。
①気になる事柄を思い浮かべ、その感情・気分に浸る。
②「この気持ちを手放せますか？」と自問する。
③「この気持ちを手放したいですか？」と自問する。
④「この気持ちをいつ手放しますか？」と自問し、可能なら「今」と答える。

質問の答えは「はい」でも「いいえ」でもOK。完全に手放せたと感じるまで、同じ手順を繰り返します。

8 行きたくない女子会に誘われたときの対処法

自分の許容量を超えない範囲で付き合えばいい

　女子会への参加を断るとき、ほとんどの人は「仕事が忙しくて」「体調が悪くて」「その日は予定が入っていて」など定番の言い訳を使って切り抜けているようです。それはそれで社交術のひとつですが、一度や二度ならともかく、度重なると口実のネタも尽きてくるし、嘘をつくことに罪悪感も湧いてきます。「行きたくないから行きません」とハッキリ言えたら、どんなにスッキリすることでしょう！　そう、本当はこれが最善の解決策なのです。

　一気にスッキリしたいなら、思い切って言ってしまいましょう。深刻な態度をとらないのがコツです。**「誘ってくれてありがとう」「私は女子会が苦手なので、せっかくですが遠慮させてもらいます」「ごめんなさい」**の三点セットを、なるべく明るく愛想よく伝えます。気分を害するのではないか、など相手の反応を予想すると言いづらくなります。そこを考えすぎるのは置いておいて、相手がどう受け取るかは相手の自由と割り切りましょう。

　そうは言っても、嫌われるのが怖い、仲間はずれになるのが怖いという気持ちがあると、なかなかハッキリ断れません。しかし、女子会が嫌いな女性は実はとても多いのです！　心の中では「誰も来られなくて中止になればいいのに」なんて思っていたりします。ですから、あなたが最初に断ってみせることで、ほかのみんなも断りやすくなる。

POINT		
	1	明るく愛想よく率直に断る
	2	「部分参加」という選択肢もあり
	3	ペースなど自分の許容量の範囲内で決める

嫌われるどころか、むしろ感謝されるかもしれません。

「毎回参加はキツイけど、少しぐらいなら付き合ってもいい」と思うなら、気が向いたときだけ参加すればいいのです。途中から参加して先に帰ってもいいし、**"気持ちだけ参加"**ということで費用をカンパするとか差し入れをするという手もあります。

自分のために行動する

いずれにしても、自分が心地よいと思える範囲内で行動することが大切です。「年に3回まで大丈夫」「2時間が限度だな」というように、自分の許容量を数値化し、把握しておくといいでしょう。

女子会の参加・不参加は**"自分のために行動する"ためのよい練習**になります。女子会以外の飲み会や親睦会などにも応用できますので、ぜひやってみてください。

Column
女子会を楽しむコツ

女子会でも何でも、どうせ参加するなら"楽しんだもん勝ち"でいきましょう。

そのためには、周囲に気を配らないこと。目の前にある食べ物や飲み物（味覚・嗅覚）、窓から見える景色（視覚）、お店で流れている音楽（聴覚）など「今、ここ」の五感にフォーカスします。そうしていると、楽しんだりホッとしたりしている自分に気づく瞬間が訪れます。気を遣いすぎず、その場にあるものに目を向けて楽しみましょう。

9 泣く人・泣きごとを言う相手への対処法

意見・助言は不要＆無理に話を聞こうとしない

　泣いている女性を見て放っておけないあなたは、①とても優しい、②好奇心が旺盛、③人前で涙を流すことに抵抗がある――のいずれかでしょう。
　何があったのか聞いたり、励ましたり、メソメソするなと叱ったりしたくなるかもしれません。しかし、**あなたにできることは、黙って見守ることだけです**。彼女に話をする気があれば、何も言わずにただ聞きましょう。意見やアドバイスは余計なお世話。彼女から求められない限り、口を挟むのは差し控えましょう。
　おとなしく泣いている女性は放っておいてもそのうち泣きやみますが、積極的に泣きごとを言う女性はそうはいきません。「聞いてくださいよ〜」と愚痴や悪口を並べ立て、同じことばかり延々と繰り返します。
　このタイプの人は、**あなたの同情を引くことで、寂しさを紛らわせるのが真の目的**です。問題が解決して泣きごとのネタがなくなっては困るので、こちらが親身になってアドバイスをしても決して実行しようとしません。
　彼女は「相談がある」「あなただけが頼り」などと言うかもしれませんが、それを真に受けていると肩透かしを食らいます。「相談」や「頼る」というのは自分が行動するために誰かの助けを借りることですが、彼女にはそもそも行動する気がないのです。

POINT		
	1	泣いている相手にアドバイスしない
	2	泣きごとを言う相手にもアドバイスしない
	3	過度に同情せずストップをかけ、早めに切り上げる

相手から依存されないように

　あなたが「かわいそう」と同情すればするほど、「話を聞いてあげなければ」と親切にすればするほど、**相手の依存心を増長させることになります**。それは決して相手のためにもなりません。

　泣きごとが始まったら制限時間を設けるか、できるだけ早く切り上げましょう。そのためのセリフには、
「わかった。5分だけ聞くよ」
「ごめん、聞いてたら私が疲れちゃった」
「悪いんだけど、今日はここまでにして」
などが考えられます。あるいは、
「もっと楽しい話をしない？」と、話題を変えてしまっても大丈夫。結局のところ、話し相手が欲しいだけなのですから。

Column
他者の問題を背負い込まない

　日本で近年ブームになった心理学者アルフレッド・アドラーは、人間の悩みは主に人間関係の悩みであるとして「課題の分離」を提唱しました。

　それによると、求められない助言をすることは「他者の課題への介入」であり、その助言に従うかどうか決めるのも「相手の課題」ということになります。コントロールできるのは自分の課題だけなので、気を使ったり悩んだりしても意味がないという考え方です。

第3部…女子の人間関係を整理する

10 仲間はずれにされたときの対処法

わだかまりさえ解ければ仲良くならなくても十分

　仲間はずれというのはカウンセリングでも相談件数の多いテーマですが、状況を探っていくと、たいていは次の3つのパターンに分けられます。

①実は自分から進んではずれている
　仲間に入ってもうまくコミュニケーションが取れないから、はずれていたほうが楽だと思い、**わざわざ仲間はずれになるような言動をしています**。しかし、無意識にやっていることなので本人に自覚はありません。むしろ被害者のように感じて傷ついているのです。これは親子関係にもよく見られるパターンです。
　この場合は、自覚していなかった真相に気づくことが大切です。「ああ、私はこの人たちが怖かったのね」と認めること。「そうか、私は本当は他人のことが怖いんだな」と自覚して、そんな自分を受け入れましょう。「怖いんだから、すごく親しくならなくていい。ふつうで十分なんだ」と自分自身に課したハードルを下げましょう。

②ちょっとした誤解があった
　これは話し合いで解決できる可能性が高いケースです。

POINT	
1	仲間はずれのパターンは3つに分けられる
2	自分の中の恐怖心を認めることから始める
3	勝ち負けの問題には関わらないようにする

怖いことを認める

話し合いをする

勝負を降りる

　恐怖心をやわらげるため、仲のいい人に間に入ってもらいます。**話し合いのセッティングを頼み、立会人として寄り添っていてくれるようお願いします。**

　発言するときは「誰が悪いのか、決着をつけてやる」という発想ではなく「自分にもよくないところがあるなら改善しよう」という気持ちで。そのつもりがないのなら、きっぱりと距離を置いたほうがいいでしょう。

③競争心の強い女性が周囲を巻き込んでいる

　これは、ボス的な人物がいて、取り巻きが強引に付き合わされている状態です。相手のペースに巻き込まれないうちに、**自分から勝負を降りてしまうのが得策**です（→P188）。

　これらのパターンを見極めて対処していきましょう。悩んだら、まず誰かに相談することも手段のひとつです。

Column 「ケンカするほど仲がいい」

　「不満など本音を言ったら嫌われるかもしれない」「泣いたり叫んだり、みっともない姿を見せたら捨てられるかもしれない」という恐れがあれば、本気でケンカすることはできません。

　俗に「ケンカするほど仲がいい」とは、逆に言えば「仲がいいからケンカもできる」ということになるでしょう。それだけに、親密であればあるほどケンカも派手になりがち。思春期の親子ゲンカがいい例です。

11 世代間ギャップがある人への対処法

初めから拒絶せず情報収集のつもりで会話する

　先輩が振りかざす時代遅れの通念、後輩が連発する意味のわからないネット用語など、生まれ育った時代が違えば、感覚や知識にも違いがあって当たり前です。その違いに興味がもてればいいのですが、そうでないなら"情報収集"であると割り切りましょう。実際に世代の違う人たちと話していると、さまざまなジャンルで知識が増え、意外なチャンスが舞い込んでくることもあります。

　自分が知らないことを教えてもらうのですから、ていねいな言葉遣いを心がけます。年下の相手に対して先輩風を吹かせるのはやめましょう。「今どきの若い子は……」「私なんてもうオバサンだから……」は禁句にしてください。なぜなら、前者は他人に対する年齢差別、後者は自分に対するいじめ（＝自虐）だからです。

　世代による価値観の違いが如実に現われるのは、嫁姑問題や母娘の問題、職場での関係です。姑と嫁がお金の使い方でもめる。ストーカーやDVという言葉がなかった世代の母親が、暴力男から逃げてきた娘を非難する。10年前と比べてデジタル化が進んだ職場環境の差で上司と部下がもめるなど。

　世代間ギャップがあることで問題が生じるのは、人間そのものを拒否しているからといえるでしょう。人間が怖くて信頼できず、無意識に警戒していることの現われです。

POINT		
	1	感覚や知識の違いを情報として捉える
	2	年下の相手にも、ていねいな言葉を使う
	3	人間を恐れず、自分で自分が好きになれればうまくいく

　ヘビを恐れている人がヘビに触れることはできないように、人間を怖がっていたら興味をもって人に接することなどできません。

自分自身を好きになろう

　人間への恐れを払拭するには、まず最初に自分の最も身近な人間――すなわち、**あなた自身を好きになること**です。

　自分で自分を好きであること。年齢も性別も外見も能力も長所も短所もすべて認めて、どんな自分も愛すること。そうやって自分を大切にする人は、必然的にほかの人も大切にします（→P31）。表面的には嫌いな人や苦手な人がいても、根本的なところでは好意的に人と接することができます。その好意が相手に伝わるから、世代の違いに関係なく良好な関係を築くことができるのです。

Column
ジェネレーションギャップあるある

　世代によって理解しにくいことの例として、次のようなものが挙げられます。
＜上の世代＞連絡は電話かメール。休日出勤・残業をする。3歳以下の子どもを保育園に預けることに抵抗がある。海外旅行が好き。マイホームと車が欲しい。
＜下の世代＞スマートフォンが手放せない。定時に帰る。飲み会に行かない。デート代は割り勘でいい。タバコを吸わない。「怖っ」「暑っ」など2文字の略語をよく使う。

12 彼氏にちょっかいを出してくる女への対処法

そのパートナーはあなたにふさわしいのか？

　これはもうハッキリ言って、女同士で争っていても時間のムダです！　ちょっかいを出してきた女性ではなく、あなたのパートナーに注目しましょう。デレデレと鼻の下をのばして浮気に走るのか、毅然として遠ざけるのか。**彼の正体を見極めるチャンス**です。

　恋人や夫の浮気現場に乗り込んで相手の女につかみかかる──そんな行動に出るのは、自信のない女性が多いからです。

　自信がないとは、**自己評価・自己肯定感が低い**ということです。ひとりのオトコをつかまえたら、もうその人しかいないと思ってしまう。「この人を失ったら、もう誰も私なんか愛してくれないんじゃないか」という不安が常にあり、捨てられるのが怖くて、浮気や暴力さえ許してしまう。どんなに不当に扱われても本人に抗議することができません。自分で自分をその程度の人間だと信じているのです。

　それでは、自信のある女性が浮気されたらどうするでしょう？

　自分で自分の価値の高さをわかっているから「私を100％大切にしなくてはダメよ」という態度が取れます。ちょっかいを出してきた女に尻尾を振って飛びつくような男が自分にはふさわしくないと素直に思えるので、本人に正面切って抗議することもできるし、別れを選び、もっと素敵な男性と出会うこともできるでしょう。

POINT

1. 対女性でなく、その時の彼氏の態度にフォーカスする
2. ちょっかいを出す女性も自己評価が低い
3. 自分で自分の価値を高く設定する

自分の価値はどのくらいか

　パートナーのあなたに対する扱い方は、**あなたが自分の価値をどの程度に設定しているかを示すバロメーター**になります。

　例えば、デートの待ち合わせにいつも遅れてくる彼氏。好きだから、嫌われたくないからと文句も言わずに待ち続けてきたあなたは「私なんか待たされて当然なんだ」と思ってはいませんか？

　実は、**ちょっかいを出す女性も自己評価が低い**ことではあなたと同じです。「私には他人のお下がりがふさわしい」と思っているのですから……。そんな彼女と争うことは、不幸自慢にしかなりません。

　一刻も早く手を引いて、自分の価値を高めることにエネルギーを注いでください。

Column
自信＝高飛車ではない

　自信に満ちた女性というとイヤなイメージがありますが、本当にそうでしょうか？

　本来「自信」とは自分の価値や能力を信頼することで、うぬぼれとは違います。自尊心が高く、わざわざ他者を威圧しなくても十分幸せなので高飛車な態度をとりません。

　将棋に語源をもつ「高飛車」とは、相手を頭ごなしに威圧するような態度を意味します。自尊心が高いというよりも謙虚さに欠けるといったほうが正確です。

13 興味がないものを すすめてくる人への対処法

関心がないということをハッキリわからせる

　自分が何かに凝り出すたびに「これ、いいわよ〜」とすすめてくる人がいます。相手は好意でやっているだけに、かえって断りづらいものです。それが会社の先輩やお姑さんだったりすると、カドを立てたくないために相手に合わせてしまうこともあるでしょう。

　しかし、いくら好意であろうとも、人が求めていないものを押し付けるのは明らかな領域侵害です。ここは**キッチリと境界線を引き、自分を守ることに徹しましょう**。

　曖昧な反応や半端な嘘で先延ばしにすれば、確かにその場しのぎにはなります。でも、相手は好意のかたまりですから「だったらこういうのもあるのよ」「これがダメならあれはどう？」と次々にお誘いパンチを繰り出してきて、到底ラチがあきません。

　興味のないものをすすめられたときには、相手の好意に感謝しつつも関心を示さないことが大切です。「誘ってくれて、ありがとう」と最初に言っておき、続けて
「私は今はほかのことに凝っていて、そちらを優先したいの」
「せっかくだけど、私は興味を感じられないわ」
「そういうの、私には向いてないのよね」
　など、すべて**自分を主語にして"NO"を宣言します**。相手を責める言葉がひとつも入っていないので、余計な波風を立てずにお断りすることができます。

POINT	
1	曖昧な断り方では通じない
2	誘いやすすめに対して感謝しつつも関心を示さない
3	NOと言うことは自分を守ることになる

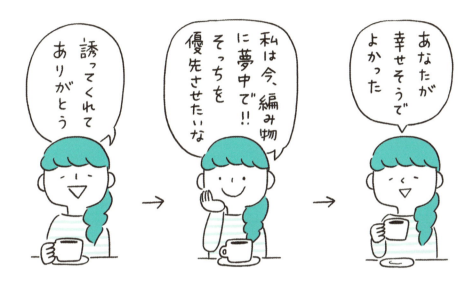

しつこい場合は強い主張を

　おすすめされる内容によっては（マルチ商法など）実害を被る場合もあるので、ハッキリNOと言うことを恐れないでください。あくまでも自分の自由を優先しましょう。執拗な誘いには「しつこいと感じるのでやめてほしい」と主張していいのです。

　断ることに慣れると、相手の話に耳を傾ける余裕が出てくるかもしれません。
「そうか、あなたは今その商品に夢中になっているんだね（私は買わないけど）」
「その話をしているときのあなたは幸せそうでよかったわ（私は買わないけど）」
　というふうに、**自分の領域をしっかり守りつつ、相手の気持ちにも寄り添う会話**ができたら最高ですね。

Column
お節介の心理学

　交流分析学派の一人、スティーブ・カープマンは、人間関係を「犠牲者」「迫害者」「救助者」という3つのタイプに分類して、その関係性を論じています。

　迫害者と救助者は、押しつけ、口出し、お節介といったやり方で犠牲者に近づこうとします。

　よく口出しやお節介をされるという人は、無自覚なまま無力な自分を装って犠牲者役を演じているのかもしれません。

14 ひたすら褒めてくる女性への対処法

人が人を褒める理由

　日本では「褒めて伸ばす」という教育の歴史が浅いためか、褒めるのも褒められるのも苦手な人が多いようです。
　本来、褒められてうれしくない人はいないはずですが、同じ人からあまりにもしばしば褒められると、段々うるさくなってきますね。
　どうしてそんなに褒めまくるのでしょうか。その理由としては
①本当に素晴らしいと思っている
②とりあえず褒めることで「いい人」を演じている
③プレッシャーをかけてつぶそうとしている
④好かれたくて媚を売っている
⑤卑屈になるしか愛される方法を知らない
⑥わざと褒めてみて、相手が思い上がっていないか確かめている
⑦褒め言葉を使って嫌味を言っている
などが考えられます。もしかしたら、もっとほかにもあるかもしれません。
　いずれにせよ、あなたが気にかける必要はありません。それは**相手の自由であって、あなたが立ち入る筋合いはないからです。**

POINT	
1	褒めてくる人の気持ちを深読みしない
2	単純に「ありがとう」で終わらせ、謙遜や褒め返しはいらない
3	褒められることに意味を持たせない

額面通りに受け止めて「ありがとう」と言えばいい

相手の思惑がどうであれ、**言葉通りに受け取って素直に「ありがとう」と答えるだけで十分**です。謙遜したり、心にもないお世辞を返す必要もありません。

褒められて不快になる理由は「相手の期待に応えなければならない」という考えです。スタイルがいいと言われたら絶対に太れない。営業成績を評価されたら次回はもっといい成績を出さなくてはならない……。スポーツ選手などで、本番前に期待をかけられすぎて、そのプレッシャーに負けて力を出しきれなかった、という例も少なくありません。

褒められることにあまり大きな意味をもたせないようにしましょう。**最終的にあなたの価値を決めるのは、あなた自身です。**

Column
自分で自分を褒めてみよう

自分の価値（自己肯定感、自尊心）を高める方法はたくさんありますが、なかでも「自分を褒めること」は手軽にできてお金もかからないのでおすすめです。

会社のプロジェクトやダイエットなど大きな成功だけでなく、鏡を見たら「かわいいね」、お皿を洗ったら「えらい！」、仕事が終わったら「よくやったね」と些細なことも頻繁に褒めましょう。実際に声に出して言うのがベストです。

第3部…女子の人間関係を整理する

15 意地悪なことばかり言ってくる女性への対処法

相手の正体を見抜いて自分を守る対応策を

　心にグサグサ突き刺さる意地悪な発言は、武器のように感じられますが、一皮むけばただの劣等感。彼女から見るとあなたのほうが優れているので、それがうらやましくて、自分と同じレベルに引きずり下ろそうとしているのです。意地悪なことを正論であるかのように主張しますが、実際には自分の勝手な意見・判断を一方的に述べているだけです。

　また、対抗心や復讐心の強い人は、やたらと嫌味を言って挑発してきます。そして、あなたが困惑したり傷ついたりするのを見て楽しみ、あなたが苦しむのを面白がっています。愛情をもって人と交流した経験がなく、人の痛みに共感する能力がなかったり、**反社会性パーソナリティ障害**を患っているのかもしれません。

　ですから、意地悪なことや嫌味を言われても、決して真に受けてはいけません。イヤなことをネチネチ言ってきたら「ふーん、そういう意見もあるのか」と思うだけにして、会話を打ち切ってしまいましょう。上から目線でアドバイス風なことを言われたら「ご忠告ありがとう」とだけ答えていれば、言い争いは回避できます。

　あえて言い返すことを選ぶなら、**相手のペースに巻き込まれないよう注意しましょう**。感情に任せて怒鳴ったりせず、落ち着いて自分の気持ちだけを伝えることに集中します。相手との境界線をしっかり意識して、自分を守ることが最優先です。

POINT	
1	意地悪の正体は劣等感からの嫉妬心によるもの
2	相手の発言をまともに取り合わない
3	「物理的に離れる」方法は有効

会話を打ち切る

正面切って抗議する

抗議または話し合いの場を

　陰でこそこそ嫌がらせをする人は、隠れていなければ意地悪もできないぐらい気が弱いので、正面切って抗議をすればたちまち逃げ出します。第三者を介して話し合いを申し込むだけでも効果があります。

　人を見捨てたり断ったりすることができないような心優しいタイプの人は、意地悪されても反撃せずに耐えてしまうので、標的になりやすくなります。優しくすればするほど相手は調子に乗ってつけあがるので、「自分さえ我慢すればいいんだ」という思いは捨てて**"逃げるが勝ち"**と思ってください。

　いちばんいいのはそのような人に会わないことですが、それが難しい場合は、なるべく一緒にいる時間が減るようにその場から離れるなど工夫してみてください。

Column
人の痛みを感じないサイコパス

　他者に対して病的なまでに共感性のない人を「サイコパス」といいます。殺人鬼の代名詞のようになっていますが、それは、凶悪な犯罪性を強く欲求する性癖がある場合に限ります。医者、弁護士、政治家など社会的に成功しているサイコパスも珍しくありません。パフォーマンスに長け、平気で嘘をついたり、だましたりできるサイコパスに憧れる人もいますが、人の心に共感できないというのは、決して幸せなことではありません。

16 攻撃してくる上司への対処法

感情的な攻撃に感情で対抗しても勝ち目なし!

　会社全体の業績を考えている上司は、部下を育てるために「叱る」ことがあります。一方で、部下の能力を恐れている上司は、自分が抜かされないために部下に「怒り」をぶつけてきます。怒りという感情を武器にして脅せば、相手を支配できると考えているのです。

　これまでずっとそうやって自分の地位を守ってきたツワモノですから「怒れば相手は必ず萎縮する。もし手向かいしてきても、絶対に自分が勝つ」と決めつけています。いわば、**彼女が主演であなたが共演のシナリオ**のようなもの。あなたがその台本通りに行動すれば、彼女が望む結末が待っています。

　しかし、あなたが台本にないアドリブをしたら、どうなるでしょう? あなたがまったくセリフを言わず、じっとして落ち着き払っていたら? 予想外の展開に彼女はついて来られません。彼女の目には、あなたの冷静な態度がとても不気味に見えています。言うだけのことを言い終わったら抜け殻のような状態で、おとなしくなるでしょう。

　そうなれば、主導権はあなたのものです。彼女があなたに浴びせた言葉の中から、感情的な部分は無視して具体的な問題や趣旨のみに焦点を当て、例えば「その件に関しましては、A案とB案がございます」というように**具体的な話**だけをして、**自分の持ち場に戻ります**。

POINT		
	1	相手の台本通りに動かず、無口&無表情で相手の意表をつく
	2	相手の感情をスルーして具体的な用件に集中する
	3	リラックスした態度で接するとよい

一度リラックスモードに入ってから

　感情的になって興奮している人を相手にするときは、同じやり方で対応してもいたずらに体力を消耗するだけです。むしろ相手とは真逆のリラックスした態度でいたほうが、攻撃をかわしやすくなります。

　今から怒られることがわかっているなら、対面する前にトイレなど静かな場所に行き、体の力を抜いてリラックスモードに入っておくといいでしょう。**深呼吸や軽い瞑想**もおすすめです。副交感神経が優勢になって安らぎを感じ、相手への恐怖心が減少します。また、陰口を言うような上司なら195ページを参考にしてください。

　最初にも述べましたが、相手のほうこそあなたを恐れているのだという真実を、ぜひ覚えておいてください。「弱い犬ほどよく吠える」というのは本当のことなのです。

Column
女性上司との付き合い

　女性はコミュニケーション上手、世話好きなところがあり、管理職に向いているとも考えられます。また、情報をオープンにしやすいともいえ、部下との付き合いをスムーズに進めることもできる傾向にあります。

　一方で、女性部下にとっては「自分はこんな人にはなれない」といったように、近寄りがたく思ってしまう人も。近寄りにくい存在にならないようにすることが、女性同士であっても重要になってきます。

17 やる気のない部下への対処法

"責める"のをやめて"育てる"ことを考える

　平気で遅刻や欠勤をする、私語が多い、スマホばかりいじっている、いちいち指示しなければ動かない……「こんな部下がいては困る」「何とかしなくては」。あなたがそう思って悩んでいるとき、それは会社全体の業績を考えてのことですか？　それとも、個人的に気にくわなくて攻撃しようとしているのでしょうか？　あるいは、自分の命令に従わせ、コントロール（支配）したいという欲求があってのことでしょうか？

　こうやって自分自身と向き合うことはとても大切です。部下に直接アプローチする前に、<u>上司としての自分のあり方をハッキリと自覚しましょう</u>。攻撃、支配というふたつの方法では、絶対に部下は育たないからです。

　上司が部下に対してどんな気持ちでいるかが、部下に影響します。例えば、あなたの目に、部下が「仕事が遅い！」「そんなこともできないの！？」「またサボってる！」というふうに映ることはありませんか。しかし本当に、部下にはひとつもよい点はないのでしょうか。もしかしたら、部下のマイナス面ばかりが見えるのは、あなた自身の見方が、他者に対して否定的だからなのかもしれません。

　たとえ口には出さなくても、表情や仕草を通して責める気持ちは伝わるものです。もともとやる気がないうえに四六時中ダメ出しされていたら……やる気になるはずがありませんね。

POINT		
	1	上司としての自分のあり方を考え、自分自身と向き合う
	2	相手（部下）のよいところを見つけて褒める
	3	最後まで責任を果たす機会を与え、やり遂げる喜びを知ってもらう

評価して認めること

　効果のないマイナス責めから、**プラス面を見つけて肯定的に評価する**ように方向転換してみましょう。「そんなの、できて当たり前でしょ」と思うような些細なことでも、怒られるより褒められたほうがやる気になります。

　会社での女性のキャリアに限界を感じていたり、仕事で達成感が得られないからやる気をなくした可能性もあります。その場合は本人の負担にならない程度の仕事を与え、最後まで自力でやらせてみます。責任をもって仕事をやり遂げる喜びを知ってもらうため、**口出しを控えて本人に任せましょう。**

　また、日頃から「肩書きに年齢差をもち込まない」「ていねいな言葉で話す」の二点を心がけていると、上司と部下が敵対関係になるのを防ぐことができます（→P208）。

Column
心理学から見た「やる気」とは

　心理学用語で「やる気」に相当するのは「モチベーション」。しばしば「動機づけ」とも訳されます。

　動機づけには、自身の成長や達成感という内発的なものと、給料アップや表彰など外発的なものの2種類があります。

　目標が曖昧だったり高すぎたりするとモチベーションは下がります。また、過去の成功体験が少なかったり、自己肯定感が極度に低い人は、そもそもやる気をもつこと自体が非常に困難となるでしょう。

おわりに

　読者の皆様が全体を通して読んだり、気になる項目の一つひとつを見ていったとき、改めて自分というものを振り返るチャンスになったのではないかと思います。

　相手のことは客観的に的確に判断できることでも、自分自身のこととなると、かえって見えなくなってしまいがちです。とりわけ人間関係においては、女性同士であるために、「自分と相手」との相互作用によってメリットもデメリットも、エスカレートしてしまうことがあります。

　本書によって、女性同士の付き合い方に苦慮している人たちの気持ちが少しでも晴れて、新たな視点を築くことによって、よりいっそう自分の心に寄り添い、また、前向きに進んでいくことができるようになればと、心から願っています。

石原加受子

【参考文献】

『母と娘の「しんどい関係」を見直す本』石原加受子（著）／学研パブリッシング

『「女子の人間関係」から身を守る本』 石原加受子（監修）／PHP研究所

『仕事も人間関係も「すべて面倒くさい」と思ったとき読む本』 石原加受子（著）／中経出版

『整理整頓　女子の人間関係』 水島広子（著）／サンクチュアリ出版

『読むと心がラクになる　めんどくさい女子の説明書』 山名裕子（著）／サンマーク出版

『あの人の心を読み取る　他人の心理学』 金政祐司（監修）／ナツメ社

『図解　使える心理学』 植木理恵（著）／KADOKAWA

『フシギなくらい見えてくる！　本当にわかる心理学』 植木理恵（著）／日本実業出版社

『女子が毎日トクをする　人間関係のキホン』 有川真由美（著）／PHP研究所

『女子の心は、なぜ、しんどい？』 清水あやこ（著）／フォレスト出版

『「なるほど！」とわかる　マンガ　はじめての自分の心理学』ゆうきゆう（監修）／西東社

『「なるほど！」とわかる　マンガ　はじめての心理学』 ゆうきゆう（監修）／西東社

『「なるほど！」とわかる　マンガ　はじめての他人の心理学』 ゆうきゆう（監修）／西東社

『エンパシー　共感力のスイッチをオン／オフしよう』 ローズ・ローズトゥリー（著）
　　埴原由美（訳）／VOICE

『「いつも誰かに振り回される」が一瞬で変わる方法』 大嶋信頼（著）／すばる舎

『いつも中途半端な自分から抜け出すコツ』 鶴田豊和（著）／サンマーク出版

『嫌われる勇気　自己啓発の源流「アドラー」の教え』 岸見一郎・古賀史健（共著）
　　ダイヤモンド社

『面白いほどよくわかる！「女」がわかる心理学』 齊藤勇（監修）／西東社

『今日から使える　行動心理学』 齊藤勇（著）／ナツメ社

『マンガ　思わず試してみたくなる心理学入門』 齊藤勇（監修）／宝島社

『心理学でわかる　ひとの性格・感情辞典』 渋谷昌三（監修）／朝日新聞出版

『面白いほどよくわかる！　自分の心理学』 渋谷昌三（著）／西東社

『面白いほどよくわかる！　他人の心理学』 渋谷昌三（著）／西東社

『面白いほどよくわかる！　見ため・口ぐせの心理学』 渋谷昌三（著）／西東社

『他人の心がわかる　心理学用語事典』 渋谷昌三（著）／池田書店

『「感情」の解剖図鑑』 苫米地英人（著）／誠文堂新光社

鳥賀陽弘道「World Watch 女子会はなぜ流行る」『Numéro TOKYO』第5巻第2号、
　扶桑社（2011）p.30

【参考サイト】

https://seniorguide.jp/article/1103412.html

https://style.nikkei.com/article/DGXNASDB04005_U1A700C1000000

https://www.excite.co.jp/news/article/E1274364956917/

https://tabizine.jp/2018/01/29/170812/

https://www.men-joy.jp/archives/354489

https://machicon.jp/ivery/column/35515

【監修】
石原加受子（いしはら　かずこ）

心理カウンセラー。「自分中心心理学」を提唱する心理相談研究所オールイズワン代表。「思考・感情・五感・イメージ・呼吸・声」などをトータルにとらえた独自の心理学スタイルで「性格改善、親子関係、対人関係、健康」に関するセミナー、グループ・ワーク、カウンセリング、講演などを行い、心が楽になる方法、自分の才能を活かす生き方を提案している。日本カウンセリング学会会員、日本学校メンタルヘルス学会会員、日本ヒーリングリラクセーション協会元理事、厚生労働省認定「健康・生きがいづくり」アドバイザー。
著書に『「自己肯定感」の高め方～「自分に厳しい人」ほど自分を傷つける～』（ぱる出版）、『「苦しい親子関係」から抜け出す方法』（あさ出版）、『「女子の人間関係」から身を守る本』（PHP研究所）、『もうイヤだー！ 疲れた、全部投げ出したいー！ 心のSOSが聞こえたら読む本』（永岡書店）など多数。

装丁・本文デザイン	株式会社tobufune
DTP	有限会社プールグラフィックス
本文イラスト	なかきはらあきこ
執筆協力	安藤智恵子／岡林秀明／神田賢人／三橋さと子
編集協力	有限会社ヴュー企画（野秋真紀子）
企画・編集	端香里（朝日新聞出版　生活・文化編集部）

心理学でわかる　女子の人間関係・感情辞典

監　修	石原加受子
編　著	朝日新聞出版
発行者	橋田真琴
発行所	朝日新聞出版
	〒104-8011　東京都中央区築地5-3-2
	電話(03)5541-8996（編集）　(03)5540-7793（販売）
印刷所	中央精版印刷株式会社

©2019 Asahi Shimbun Publications Inc.
Published in Japan by Asahi Shimbun Publications Inc.
ISBN　978-4-02-333268-3
定価はカバーに表示してあります。
落丁・乱丁の場合は弊社業務部（電話03-5540-7800）へご連絡ください。送料弊社負担にてお取り替えいたします。

本書および本書の付属物を無断で複写、複製（コピー）、引用することは著作権法上での例外を除き禁じられています。また代行業者等の第三者に依頼してスキャンやデジタル化することは、たとえ個人や家庭内の利用であっても一切認められておりません。